歴史文化ライブラリー

90

ヒトラーのニュルンベルク

第三帝国の光と闇

芝 健介

吉川弘文館

目次

図版出典

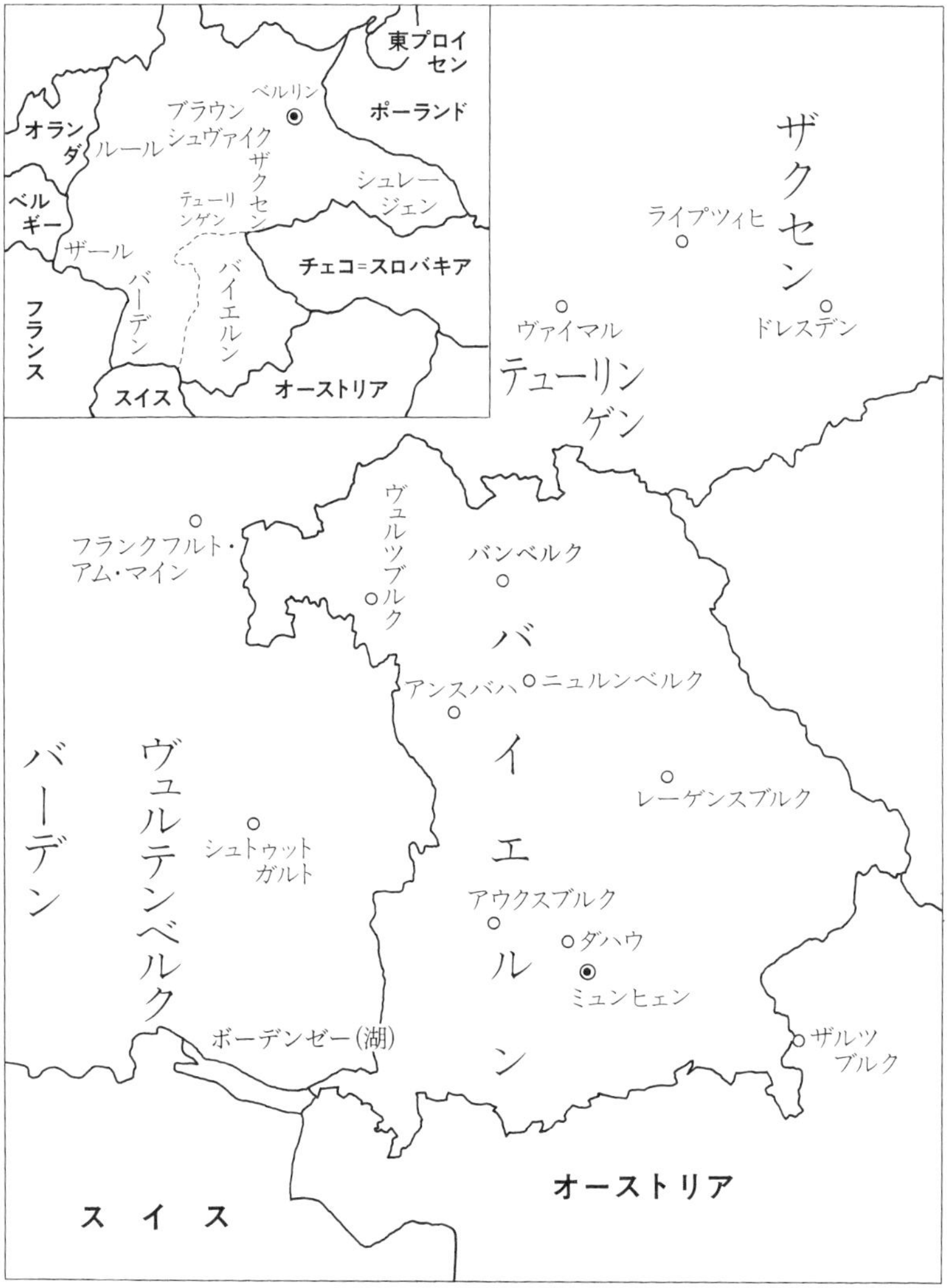

1933年のドイツおよびバイエルン要図

ドイツのトラウマを表象する芸術——プロローグ

1　ドイツのトラウマを表象する芸術

一九四五年五月八日は、何より第三帝国無条件降伏の日として記憶されてきた。多くのドイツ人にとって敗戦は、あらゆる外的内的価値の崩壊を意味するものであった。それはまたドイツ史上最大の物質的精神的「破滅」を意味していたのである。六〇〇万近いユダヤ人はじめ厖大な数の犠牲者を「生み」出した戦争開始の責めを負うべきドイツ人自身、終戦時には一二〇〇万人が捕虜となり約一〇〇〇万人がソ連・東欧から放逐された。ドイツ本国でも住宅の四〇%が空爆や砲撃で破壊しつくされ、雨風もしのげず、電気・ガス・水道もストップし、衣食燃料にも事欠き、郵便も交通も途絶麻痺し、アメリカ軍の一将校をして「まるでポンペイのようだ」といわしめるような状況が現出していた。古い世代の日本人ならば現在でも、すべてがあるいは灰燼《かいじん》に帰しあるいは瓦礫《がれき》と化したドイツの表象として、ロベルト・ロッセリーニ監督の映画『ドイツ零年（Germano anno zero）』（一九四七年）を連想する人が多いかもしれない。生き残ったドイツ人自身は、シュトゥンデ・ヌル Stunde Null（時刻零あるいはゼロ時間）という言葉で、すべてが失われ歴史や人間的時間の意味を剝ぎ取られて氷りつきむき出しにされたようなこの特有の瞬間を表現してきた（Schröder 1995）。たしかにこの表現は一切合切が無化されてしまったかのような真空の時が感じられる象徴的表現である。

現代ドイツを代表するマーラー（画工）として二〇世紀末画壇のスーパー・スターともいわれるアンゼルム・キーファーは、奇《く》しくも四五年五月八日、この「時刻零」に生を享《う》けた。したがって自らは世界戦争の時代そのものを生きた経験を持ち合わせていないが、彼の作品群にもナチズム・戦争・ホロコーストというテーマは重く長い影を落としている。このドイツのトラウマに徹底的にこだわり続けているという点で、彼ほど「歴史に敏感な芸術家」（多木浩二）は稀有《けう》なのではなかろうか。

彼の一九八二年の作品のひとつに『ニュルンベルク』と題する風景画がある。風景は、キーファーにとっては歴史を表現する比喩である、という多木氏の指摘（『シジフォスの笑

い アンセルム・キーファーの芸術』）を手がかりにすれば、この風景画も戦争とホロコーストのもたらしたひとつの廃墟を表現していると解せられる。彼の作品の基調はしばしば暗く憂鬱であるが、よく見かける焼け焦げた黒い土（黒髪同様、それは犠牲になったユダヤ人〔女性〕をしばしば象徴）の上に黄色の藁《わら》（「アーリア人」の髪ないし金髪ブロンドの象徴）をこの『ニュルンベルク』でも、のたくる女性の髪のように画面一杯にちりばめさせている。遠近法にしたがって、無数の畝《うね》が、遠く画面の高いところにある地平線に向かって狭くなり収斂《しゅうれん》していく大地の風景を描いたこの『ニュルンベルク』は、ヒトラーのイギリス本土上陸作戦（作戦コード名はゼーレーヴェ Seelöwe、四〇年夏の空軍作戦に失敗し不発）を辛辣《しんらつ》に当て擦った『ゼーレーヴェ』をはじめとする、彼の作品にはお馴染みの構図をとっている。しかし、それだけではなく画面右上には丘や塔、城や教会の立つ、ニュルンベルク旧市街が影絵のごとく浮かび上がるように描かれている。その上には、キーファー本人の手によって「ニュルンベルク・フェストシュピールヴィーゼ（フェスティヴァル会場）」（祝祭や楽劇、またナチ党全国党大会が開かれた郊外会場地も暗示）と大書されており、シルエットの前景として広がる大地がまさに大会地跡としての廃墟なのだということが指し示されている。

この焼け野が原の畝にはいくつか小さな標札のようなものがみえる。そこに書かれている字は線が引かれたりしてほとんど読めない（ヒトラーかと読めなくもない思わせぶり風のイニシャルHが辛うじて判読できるものもある）が、ただ一つ、中央よりやや左上、兵士の墓のようにEva（エーファー）と書かれたプレートだけ読みとれる仕掛けとなっている。エーファーとはアダムの先妻であったリリトを追い出す旧約聖書のエーファー（イヴ）であり、リヒャルト・ヴァーグナーの楽劇『ニュルンベルクの職匠歌人（マイスターズィンガー）』の若き主人公、ヴァルター・フォン・シュトルツィングがフェストシュピールでほめ歌い上げるヒロイン、エーファーであり、さらには一九四五年四月三〇日ヒトラーとともに青酸カプセルを噛んで死んだ彼の愛人エーファー（エヴァ・ブラウン）と読むことも可能である。かくして、ひとつの名辞が、ドイツの過去あるいはまたユダヤの歴史についての、さまざまな人びとの感情、記憶、思い出を甦《よみがえ》らせ、喚起する作品となっているのである。

このように「ある特別のアウラ（オーラ）をもつ名前、名辞」を作品タイトルに据え、その背後に隠され失われてしまった歴史の根源的エネルギーを引きだそうとする、独特の方法によるキーファーの卓抜な作品『ニュルンベルク』には肖《あやか》りようもないが、この小著でもナチズム・戦争・ホロコーストの時代の都市ニュルンベルクに焦点とシテュエーションを据え、そこで繰り広げられた人びとの生と死のドラマの痕跡を辿りながら、ヒトラーの時代の断面を抉《えぐ》りだしてみようと思う。いいかえれば、第三帝国の時代の光と闇の本質に筆者なりに迫ることによって、ナチズムがこの時代全体に刻印したもの、したがってまたこの時代に生きた人びとに刻みつけた威力と暴力をニュルンベルクの現代史を通して跡づけてみようというのが小著のねらいである。

＊　なお、執筆にあたり、シリーズの性格から、本文中に典拠を示すものは最小限にし、参照した文献の主なものは、本文中（　）内に、編著者名と発表年のみを掲げ、詳細は巻末の「参考文献」欄に記載した。

都市とナチズム

一九二〇年代までのニュルンベルク

「最もドイツ的な都市」

稀代の独裁者ヒトラーが「最もドイツ的な都市」(Scholder 1979)と呼んだことでも有名なニュルンベルクの町の名が、はじめて史料に登場するのは一一世紀である(Pfeiffer 1982)。一二世紀半ばから町の市民たちが営々と構築・建設しはじめた城壁や尖塔《せんとう》、また教会の建物、またそれを囲む家並みは、およそ八〇〇年後、ヒトラーの始めた第二次世界大戦の末期、連合軍の空爆によって文字通り瓦礫《がれき》の山と化した。奇跡的に破壊を免れたニュルンベルク市裁判所では連合国の手によって国際軍事裁判が開廷され、この「世紀の裁判」によって何よりナチ戦争犯罪人が裁かれた町の名として後世世界の人びとはニュルンベルクを記憶するようになったといえよ

ニュルンベルク国際軍事裁判
被告人のシュペーア（後列右から3人目）とゲーリング（前列左端の黒めがね）.

う。検察官として裁判に決定的にかかわったアメリカの法務准将テルフォード・テイラーは、米軍政府によるニュルンベルク継続裁判の冒頭、その訴状の中で「ニュルンベルクは空襲で物理的に灰燼に帰す一〇年も前、すなわちこの町がナチ党全国大会の開催地としてその運命を定められた時すでに破壊解体されていたのである」（*Trials of War Criminals* 1952）ときわめて意味深長かつ鮮烈な表現を用い、それまでの光輝あるこの都市の歴史もナチ党の支配によって暗転し、ドイツ人の良心解体の病巣を象徴するものとなってしまったと断じている。

中世都市の相貌

光栄あるこの都市の歴史を中世まで遡ってみると、一三世紀に神聖ローマ帝国下、帝国議会が開かれたニュルンベルクは、一四世紀半ばの金印勅書において、選挙されたドイツ王＝神聖ローマ皇帝がそれぞれ最初の帝国議会を必ず開催する地に定められ、一五世紀には帝権表章保管都市という指定も受けた。やがてこの表章がウィーン・ハプスブルク家の宮城（ホーフブルク）へ移管されてからも帝国都市として享受した商工業活動の自由をさらに発展させ、職人・商人・芸術家たちの醸し出す独特の市民文化を開花させた。帝国自由都市の豪商たちが皇帝と緊密に結びつくことで富を蓄えることができたのは、アウクスブルクのフッガー家の例をまつまでもなく、必ずしもニュルンベルクに限ったことではなかったが、一六世紀の宗教改革以後はまたプロテスタンティズムをになう代表的な都市となったニュルンベルクは、それまで圧倒的に強かったイタリアやフランスの影響にも抗しうるドイツ独自の文化的芸術的伝統を打ち立てたのであった。そのことは、何よりアルブレヒト・デューラーの絵画作品に象徴させられよう。一七世紀前半を覆った三十年戦争の惨害あるいはまた地中海貿易から大西洋貿易への商路の重心シフトによる衰微、さらには領邦国家台頭による地位低落をニュルンベルクも免れなかったが、この都市の歴史的象徴としての魅力は、神聖ローマ帝国解体後もなおその文化的放射力と相まって、端倪《たんげい》すべからざる残光を発し続けていたといえよう。ヴァーグナーの『ニュルンベルクの職匠歌人（マイスタージンガー）』が、とみにロマン主義的感奮と国民意識の交錯するようになった一九世紀後半ドイツで最もポピュラーな楽劇の地位を獲得したのも、一六世紀に実在活躍した靴屋の親方で詩人のハンス・ザックスを舞台回しに選んだことと無関係ではあるまい。

工業化と社会主義

しかし中世の盛時には住民が四万人を超えるドイツ有数の大都会であったニュルンベルクの人口も、一八世紀末には二万五〇〇〇人に落ち込み、北東から当時進出してきたプロイセン王国と、南部ドイツでは強大であったバイエルン公国の両邦国からの圧力を受け、ナポレオンの肝いりによるライン同盟が形を整え、神聖ローマ帝国が解体されていく過程でついに帝国都市としての自立性を失ってバイエルンに併合された。もっとも、その後の人口推移を見ると、ニュルンベルクの新しい相貌の獲得、すなわち代表的な近代都市への転形にも失敗しなかったかのごとくみえる。一八八〇年には一〇万人、一九二五年には四〇万人と、半世紀も経過しない間の人口の著増ぶりは、バイエルンの他の町には見られないドラスティックな工業化また都市化の帰結をあらわしていた。一八三五年には北隣りのフュルトとの間にドイツではじめて鉄道が開設されたニュルンベルクは、一九世紀後半のドイツの生産財・投資財部門中心の産業化においてきわめて重要な役割を果たし、二〇世紀初頭には代表的な工業都市に発展、第一次大戦前夜にはM・A・N（Mashienenfabrik Augsburg-Nürnberg アウクスブルク＝ニュルンベルク機械製作所）の工場はじめ機械製造業また金属加工産業で働く労働者がこの都市の労働人口の三分の一を占めるようになっていた（Reiche 1986）。

社会主義運動もすでに一九世紀半ばから活発となり、ドイツ帝国創立一〇年後の一八八一年の帝国議会選挙において、ニュルンベルク社会民主党はベルリンの帝国議会に当区選出のカール・グリレンベルガーを党議員団一二名の一員として送り出すことができた。一八九三年のバイエルン邦議会選挙では、ニュルンベルクから四名の議員がミュンヒェンの邦議会に選出されたが、すべて社会民主党所属の議員であり、一九一二年の帝国議会選挙でもニュルンベルク社会民主党は市民の有効投票の実に三分の二（ドイツ全土では平均三四・八％）を獲得、ビスマルクの社会主義者鎮圧法の下、党の「冬の時代」でも一五〇〇名を数えていたこの町の党員は、一九一四年春には二万一〇〇〇名に増え、社会主義運動のこの町での強さは少なくとも大戦まではまさに衰えを知らぬほどであったといえよう。

第一次世界大戦中とドイツ革命期のニュルンベルク

ドイツがロシアに宣戦布告した一九一四年八月には一万四〇〇〇名のニュルンベルク市民がドイツ帝国軍に召集され、またその穴を埋めるべく工場動員された女性もピーク時には二万三〇〇〇名が軍需産業に就労させられたのであった。当時ニュルンベルク市長を務めていたオットー・ゲスラー（その後ヴァイマル共和国の戦後復興相、続いて国防相を歴任）は労働者や市の新聞界の戦争協力ぶりを讃えたが、食糧事情悪化の中一九一八年一月には即時講和を求める労働者がニュルンベルクでもストライキを敢行、一九一八年一〇月一〇日にはニュルンベルクの『フレンキシェ・ターゲスポスト（フランケン日刊新聞）』紙がドイツではじめて皇帝ヴィルヘルム二世の退位を要求し一躍全国に知られるメディアとなった（Reiche 1986）。

敗戦が迫った一九一八年一一月はじめには、出撃命令を拒否した水兵の反乱に労働者が呼応した運動が北ドイツの軍港キールから急速に全国に波及し、各地に労兵レーテ（評議会）権力を樹立させた。パンと平和と自由を求める大衆の行動によってベルリンでも一一月九日革命がおこり皇帝はオランダへ亡命し、社会民主党・独立社会民主党連立の人民委員政府が誕生（独立社会民主党は後に離脱）し、連合国との休戦も成った。軍部は社会民主党と、産業界は労働組合と結んで革命を抑えようとはかり、一二月中旬の全国労兵レーテ大会では社会民主党が過半数を制し、国民議会招集が決定された。労兵大衆は「社会化」、軍隊の民主化など根本的改革を求めていたが、社会民主党と軍部は反革命義勇軍を組織し、一九一九年一月ベルリンの革命派の蜂起鎮圧を皮切りに急進化した各地のレーテを各個撃破し、大衆の革命運動を潰《つい》えさせていくことになる。

すでに一九一八年一一月バイエルン王国の首都ミュンヒェンではドイツ帝国首都ベルリンよりも二日はやく革命がおこり、独立社会民主党のクルト・アイスナーが君主制崩壊後の一一月七日バイエルン共和国政府の首班に就いた。ニュルンベルクでも翌八日には労働者評議会が構成されたが、ゲスラー市長と多数派社会民主党の協力で急進派の動きは抑えられ、一九一九年一月の新しい国民議会選挙において、ニュルンベルクでは多数派社会民主党が五一％を獲得（ドイツ全土では平均三七・九％）、同時期のバイエルン邦議会選挙において、ゲスラーが新党設立の発起人となったドイツ民主党も、二九・三％を獲得した。二月二一日にアイスナーが暗殺された後バイエルンはミュンヒェンはじめ混乱が続き、ニュルンベルクでも四月七、八日スパルタクス派（共産党）が武装蜂起し、それを抑えようとして共産党のリーダー一名を殺した軍との間で衝突がおこっている。一九一九年六月一五日の市議会選挙では、ほぼ九〇％の投票率を記録した前回一月の国民議会選挙の時のような市民の関心はもはや示されず（投票率は六〇％）、多数派社会民主党は得票率三七・九％で絶対多数を失い、民主党も前回邦議会選挙より三割近く支持票を減らす結果となった。

共和国レベルで政党支持の問題を見ると、この新しいドイツの共和国をになった「ヴァイマル連合」（社会民主党・民主党・中央党）が国民議会選挙では、三党の得票率合計で七五％と国民の圧倒的支持を獲得しながら、直後にはヴェルサイユ条約調印など損な役回りを演じさせられることにもなって早々と支持を減衰させ、再び絶対多数を回復することはなかった。共和国の政治史を見ていく場合、まずその点に注意する必要がある。

一九一九年一月一八日、連合諸国とドイツとの間でパリ講和会議が始まっていた（ちなみに約半世紀前の一八七一年のこの日、パリ郊外のヴェルサイユ宮殿「鏡の間」ではドイツ帝国の創立宣言がなされている）が、焦点の講和問題では、隣接地域の割譲、ライン非武装地帯の設定、ザール地域の国際連盟管理、アフリカおよび太平洋上の海外領土の剝奪、徹底的に制限された軍備、ドイツ皇帝以下戦犯の処罰、ドイツの戦争責任、賠償が、ドイツにとっては一方的懲罰的に検討され、こうした内容の条約草案が五月七日示されるとドイツでは党派をこえた反対と憤激を呼びおこした。六月二二日苦渋の中にドイツ共和国政府は講和条約調印の用意表明をおこなったが、戦争犯罪人の引き渡しとド

(%)

1930年９月14日			1932年７月31日			1932年11月７日			1933年３月５日		
全ドイツ	バイエルン	ニュルンベルク	全ドイツ	バイエルン	ニュルンベルク	全ドイツ	バイエルン	ニュルンベルク	全ドイツ	バイエルン	ニュルンベルク
13.1	5.9	8.1	14.3	8.3	12.6	16.9	10.3	15.2	12.3	6.3	8.9
24.5	20.9	38.5	21.6	17.1	33.5	20.4	16.4	31.1	18.3	15.5	32.7
14.8	31.3	8.3	15.6	32.4	8.4	15.0	31.4	8.3	13.9	27.2	7.9
7.0	2.0	2.4	5.9	3.1	2.9	8.3	4.5	6.4	8.0	4.1	5.1
18.2	17.9	24.0	37.3	32.9	37.8	33.1	30.5	32.8	43.9	43.1	41.7
22.4	22.2	18.7	5.3	6.2	4.8	6.3	6.9	6.2	3.6	3.8	3.7
82.0	78.8	86.2	84.0	80.9	86.7	80.6	77.7	83.1	88.7	88.0	91.8

New York 1986, pp. 84, 94-95.等を参照.
を合わせたもの，バイエルン，ニュルンベルクはいずれもバイエルン人民党の得
スタントの町である．ドイツ国民党や民主党はニュルンベルクでは少数派にとど

イツ側の戦争責任の断定の受け入れは、ドイツ国民にとって「その矜持《きょうじ》と名誉」からはとても同意しがたいと留保した。これに対して、フランス首相クレマンソーはただちに条約の無条件承認を要求する最後通牒を発し、結局ドイツ政府はこれを受け入れざるをえなかった。六月二八日にはこのヴェルサイユ条約が「鏡の間」で調印されたもののドイツ国民はこれを「講和条約」とは呼ばず「ディクタート」（一方的強制的にただいわれるがままに書き取りをさせられた屈辱的講和）としたのであった。共和国政府、与党ヴァイマル連合には、条約調印が右翼によって絶好の攻撃材料にされることは目に見

表1　国会選挙得票率推移（1924～1933）

	1924年5月4日			1924年12月7日			1928年5月20日		
	全ドイツ	バイエルン	ニュルンベルク	全ドイツ	バイエルン	ニュルンベルク	全ドイツ	バイエルン	ニュルンベルク
共産党	12.6	8.0	13.0	9.0	5.1	7.2	10.6	3.8	6.7
社会民主党	20.5	17.7	34.0	26.3	21.1	41.0	29.9	24.4	42.7
中央党 バイエルン人民党	16.6	35.2	6.0	17.3	34.5	7.5	15.2	31.1	8.6
国家国民党	19.5	8.7	7.0	20.5	14.4	16.1	14.2	10.0	11.6
ナチ党	6.6	16.0	26.0	3.0	5.1	10.6	2.6	6.8	10.6
その他	24.2	14.4	14.0	23.9	19.8	17.6	27.5	23.9	19.8
投票率	77.4	67.5	——	78.8	79.4	82.7	75.6	74.5	80.9

注　Eric G. Reiche, *The Development of the SA in Nürnberg, 1922-1934,*
　カトリック中央党・バイエルン人民党の欄の全ドイツの部分は両党の得票率
票率である．カトリックの圧倒的なバイエルンでも，ニュルンベルクはプロテ
まったため，その得票率は「その他」のところに入れてある．

えていたから、政府与党は調印反対派が、調印賛成派も祖国愛からそのような決断を下したことを認める声明を公表するよう要求し、野党も議会でその趣旨の声明を発表した。しかし、この声明はまもなく忘れ去られてしまい、とりわけ極右民族派によって、連合国に対してのみならず「国民の名誉を売り渡した」条約調印派に対しても報復が要求されていくことになる。

右翼の台頭

かかる共和国国会選挙の推移をニュルンベルクも大なり小なり映し出す傾向にあったことは否めない。もっとも、社会民主党自体はその後の国会選挙においてもニュルンベルクでは全国平均をかなり上回る高い得票率を毎回獲得し、第一党の地位を維持しえたことにも言及しておかねばならない（表1参照）。

一九二〇年三月には共和国の大臣に転出したゲスラーに替わって、同じ民主党の国会議員ヘルマン・ルッペ博士がニュルンベルク市長に就任し、社会民主党にもバックアップされながら、一九三三年のナチスの権力掌握によって追放されるまで約一三年間市政を継続してになうことになる。ルッペの市長就任直後の三月一三日、首都ベルリンでは、連合国から解散を命じられた反革命義勇軍のエアハルト大佐指揮下部隊が右翼政治家ヴォルフガング・カップを担いでクーデターをおこし共和国の転覆をはかった（いわゆる「カップ一揆《プッチ》」）が、国防軍は共和国を支持する態度を明らかにせず反乱鎮圧の武力行動に出ることも拒否したため、政府はベルリンからドレスデンを経由してドイツ南西部シュトゥットガルトにまで一時避難した。この混乱に乗じてバイエルン首相に就任した権威主義的反動派のフォン・カールは、反革命義勇軍残存部隊はじめさまざまの非合法軍事組織を集めつつ、共和国からのバイエルンの分離を画策したため、共和国を支持していたニュルンベルク市では、もしバイエルンが中央から分離するようなことがあればニュルンベルクを中心とするフランケン地方はバイエルンから分離するであろうという警告をさかんに発した。カップ一揆そのものは全国的な労働者のゼネストや公務員のサボタージュによって数日間であえなく潰えたが、ニュルンベルク市警察、分けても当時形の上ではバイエルン内務省から任命されていた州警察委員でその後ニュルンベルク＝フュルト警視総監に就くことになるハインリヒ・フォン・ガーライスが、この頃から国防軍や右翼軍事組織に共感を抱く立場から、共和国政府支持の市政を批判してい

ヘルマン・ルッペ
ヴァイマル共和国期ニュルンベルク市長

た点が注目されよう。

世界戦争が終わりドイツ革命を経て、ニュルンベルクにおいても一方でこの戦争の敗北と君主制の終焉に我慢できない政治勢力が頭をもたげつつあった。一九二〇年八月一日には市のローゼナウザールで「ドイツ軍人同盟」ニュルンベルク集会が開催されたが、ミュンヒェンのナチ党から派遣された一弁士が「ヴェルサイユの屈辱的講和」と題する演説をおこない、「我々は戦場で命を犠牲にしたのに、ドイツ人を奴隷化する屈辱的講和の中身すら国民のほとんどが知らないのは恥だ。フランスと事を構えるためには悪魔とさえ同盟しようではないか」と激しく訴えた、と『ニュルンベルク新聞』は報じている（Jäckel 1980）。これが当時三一歳のアードルフ・ヒトラーのニュルンベルクでの初登場であった。

ユーリウス・シュトライヒャー

生い立ち

運動の初期からナチ党はニュルンベルクに深いかかわりをもっていたが、この町におけるナチズムの台頭と切っても切り離せない人物として、ヒトラーよりも誰よりもまず、ラディカルな反ユダヤ主義者ユーリウス・シュトライヒャーの名をあげなければならない。一八八五年バイエルンのアウクスブルク近郊フラインスハウゼンで民衆学校教員の子として生まれたシュトライヒャーは、カトリックの学校に通った後ドーナウ河畔ラウインゲンで二年間師範学校で学び、一九〇三年父親と同じ職業の道をシュヴァーベンの寒村で歩み始めている。地方のいくつかの学校で教える経験を積み一九〇七年には教員試験に合格し、一九〇九年にはニュルンベルクの民衆学校に採用された。

ユーリウス・シュトライヒャー

彼のユダヤ人に対する憎悪は母親ゆずりのものであった。「私がユダヤ人という言葉をはじめて耳にしたのは、まだ村の五歳の幼児だった時である。母の口から聞かされたのであった。町からやってきた行商ユダヤ人のカタログを見て父のための洋服の生地を母は選び、注文し、前払いした。ところが送られてきた生地は色も材質もカタログどおりのものではなかった。母は騙されたのであり、子供の私たちも母と泣いたのだった」（Smelser/Zitelmann 1991）と後年書き記している（もっとも、彼が創刊した反ユダヤ主義紙『シュテュルマー〈突撃兵〉』には、ドイツ人のルサンチマンを煽るため似たようなでっち上げ話が夥《おびただ》しく出てくることを考え合わせてみると、この彼自身の経験と称するアネクドート〈挿話、エピソード〉も俄《にわか》には信じがたい）。第一次世界大戦ではバイエルン第六歩兵連隊第六中隊の兵として従軍し少尉にまで昇進、ヒトラー同様第一級第二級二つの鉄十字勲章をもらっている。

一九一九年には「ドイツ民族至上主義攻守同盟」に入ったものの、彼にはこの組織の反ユダヤ主義が徹底したものとは感じられず一年も経過しないうちに脱退している。一九二〇年はじめに「ドイツ社会主義者党」という極右政党に入党したシュトライヒャーは数ヵ月で党のニュルンベルク支部を牛耳るようになり、六月には『ドイツ社会主義者』という機関紙を発刊した。他の人種論者同様、彼は、ドイツの敗北、社会民主党の隆盛や「社会的病弊」をユダヤ人に起因するものと信じるようになっていた。一八七〇年代の「大不況」以降ドイツで流行した反セム主義（一九世紀の人種論に規定された新たな反ユダヤ主義）をめぐっては、大戦後のインフレ亢進、経済的困難とも結びついて、シュトライヒャーたちが煽り立てるプロパガンダに反応する、中間層を中心とした人びとが、ニュルンベルクでも無視できない数になりつつあった。

反ユダヤ主義

一九一九年一月には、市民による組織「対・反セム主義・防衛協会」が会員に次のような回状を送っていた。

クリスチャンの会員は、ユダヤ系市民同胞の名誉を前代未聞の形で傷つける行為には断固として抗議の声をあげることを祖国への義務と考えています。わがユダヤ系市民同胞は前線また銃後において完璧に義務を遂行し責任を果たしました。ユダヤ系市民同胞も、まっとうな考えをもつすべての人を辱めるかかる反セム主義の宣伝を我慢していてはなりません。諸兄の人間としての尊厳を忘れず、これまでドイツ国民が立ってきた高次の文化的地平を想起されることを切に祈ります。

第一次大戦におけるニュルンベルクのユダヤ系市民の前線経験者は一五四三名を数え一七八名が戦死した（ドイツ全体では大戦を通じてユダヤ系市民一〇万名が前線で闘い一万二〇〇〇名が戦死している）。ちなみにドイツで動員を受けた国民は一一〇〇万人、戦死者の数は一八〇万八五四六名であり、ユダヤ系の市民が相応の犠牲を払っていたことに変わりはなかった（Fritsch 1983）が、戦後すぐ上記のような特別の回状が発せられなければならなかったところに、ニュルンベルクでも反ユダヤ主義の亢進が無視できなくなりつつあった状況がうかがわれる。

ニュルンベルク市の経済生活においては個人銀行、金属加工業、小売商、ホップ取り扱い等でユダヤ系の人びとが比較的目立った役割を果たしていた（詳細は「人種法と絶滅収容所」の章で後述）。他方ニュルンベルク社会民主党に積極的にコミットしていた人が少なくなかったことも事実である。狂信的反ユダヤ主義者シュトライヒャーにとって、これらの現象は資本主義経済も労働者階級の運動も二つながら支配している世界ユダヤ人の陰謀のしるし以外のなにものでもなかったし、市長ルッペのようなリベラルな政治家さえ彼にとっては典型的ユダヤ人ということにしてしまわなければすまなかった。

しばしば名誉毀損で訴えられたシュトライヒャーは、ある時の尋問に「私の反セム主義は宗教的信条のごときものである。それはかつてユダヤ系英首相ディズレーリが述べた『人種問題こそ世界歴史の鍵』という言葉にもとづいている。繰り返すように、反ユダヤ主義は私にとって宗教的確信であり良心の問題である」と答えている。第二次世界大戦後ニュルンベルク裁判の被告たちの心理とパーソナリティの分析をこころみたマーティン・ギルバートが、シュトライヒャーの反セム主義がパラノイアすれすれのものである、と指摘している点も視野に入れておく必要があろう（Gilbert 1947）。

一九二〇年一月三日の『ターゲスポスト』紙は、シュトライヒャー一派が「社会主義者」という言葉を濫用していると非難していたが、シュトライヒャーにはマルクス主義政党からさえ支持者を獲得するために反セム主義を利用しようとした面が濃厚であった。彼の機関紙は「独立社会民主党、多数派社会民主党、共産党の兄弟たちへ」と題するアピールの中で、これら左翼諸政党の支持者たちが誤ったコースに導かれていたとし、攻撃すべき対象は労働者に仕事を提供している工業資本ではなく、金融資本、わけてもユダヤ人の銀行であると断じた呼びかけをおこなっている（Reiche 1986）。

ナチ入党

一九二〇年八月、ヒトラーがはじめてニュルンベルクの公衆の前に登場し演説した先述の場にシュトライヒャーは出席しておらず、二人の初顔合わせはもう少し後のことになる。折しも八月上旬オーストリア・ナチスも含むナチ党とドイツ社会主義者党はザルツブルクで会合をもち、政治的組織的協働のための「国民社会主義大ドイツ党」共同委員会をつくっているが、当時のさまざまな民族至上主義諸潮流の例に漏れず、お互い独立性を主張して譲らなかったのが実情であった。一九二一年一一月にはドイツ社会主義者党も飛び出して「活動共同体」という新集団を結成したシュトライヒャーは、結局最終的にはナチ党の軍門に下ることになった。ヒトラーがこのシュトライヒャーの決断の重要性をそれなりに評価していたことは、後に『わが闘争』第二巻第八章に以下のように特筆していることからも明らかであろう。

はじめはシュトライヒャーも、自分の運動の使命と将来について聖なる確信をもっていた。だが彼は、国民社会主義ドイツ労働者党（ナチ党）のより偉大な力と強力な発展をはっきり疑う余地なく認めるやいなや、ドイツ社会主義者党及び活動共同体のための行動を中止し、その党員に、相互の闘争の中から勝利をおさめて台頭してきたナチ党に合流し、そして今や相並んで共通の目標のために闘い続けることを求めたのだ。人間としてこの上なくりっぱで困難な決断というべきである。

もとより一筋縄ではいかないシュトライヒャーのような「小ヒトラー」の決心に、さまざまな党派的利害関係が絡んでいたことは間違いないが、ヒトラーのカリスマ性の虜《とりこ》になった点が動機としてははるかに重要であった。シュトライヒャーがミュンヒェンの有名なビヤホール「ビュルガーブロイケラー」ではじめてヒトラーの演説を聴いたとき何が彼の中におこったか、彼自身語っているところを直接引いてみよう。

ヒトラーが語った言葉は、ドイツ国民を不幸な運命に突き落とした原因についての深い認識をあらわしていた。またそれはドイツ精神・ドイツ人魂の奥底から発する力で奴隷の鎖を断ち切ってくれる神に対する深い信仰をあらわすものであった。……この人は神からの召命を受けて語っており、天から遣わされた者として話していると誰もが感じた。……私はこの瞬間、新しい運命の声が私を呼んだと感じたのである。歓呼する聴衆をかき分けるように演壇にかけつけるとヒトラーが目の前にいた。「私はただ助っ人にしかなりえませんが、あなたは指導者になるお方です。私がつくりあげ

たフランケンの民族運動組織一切をあなたに捧げます」。(Smelser/Zitelmann 1991)

「ドイツの根本改造」

シュトライヒャーは一九二二年一〇月二〇日にはナチ党ニュルンベルク管区創設集会を開いた。「バイエルンの州都ミュンヒェンには、おそれを知らぬ民族の闘士アードルフ・ヒトラーが存在する。断固たる意志と公然たる挑戦が何を達成しうるかを彼は示した。我々ニュルンベルクとフランケンの同志も遅れをとってはならない。国民社会主義戦士共同体に一丸となって結集し異人種に決戦を挑もうではないか」「国民社会主義の目標はドイツの根本改造である。……そしてこの闘争の核心的問題は依然ユダヤ人問題である」(Horn 1972)。以上のシュトライヒャーの言葉は、相譲らぬ群小民族主義分派を統合しうる強力な指導者というヒトラー自身のふれこみにシュトライヒャーも深く動かされるところがあった点を示しているし、彼のナチ党入党の決定的動機をも如実に物語っていたといえよう。

一九二三年四月には彼が編集主幹をつとめる反ユダヤ週刊紙『シュテュルマー』が創刊された。ドイツの俗悪な反ユダヤ主義を象徴することになった『シュテュルマー』は、最盛時には四八万六〇〇〇という発行部数を誇ったが、その記事は「飢えた好色漢のユダヤ人の魔手にかかった犠牲のドイツ人乙女」「ニュルンベルクの少女売買人」「儀式殺人?

ブレスラウの子供殺人の犯人は誰か？」等ポルノまがいの架空ストーリーを満載し、「ユダヤ人がいることがドイツの不幸である」という一九世紀の歴史家トライチュケの有名な言葉で終わる類のものばかりであった。ヨーゼフ・ゲッベルス（のちのナチ・ドイツ宣伝相）のようなナチ党内部のインテリにさえ「低俗」と非難される内容であったといってよい。

しかしニュルンベルクには、一二九八年、一三四九年、一四六七年と過去三度にわたって大規模な殺戮《さつりく》をひきおこしたユダヤ人迫害の因縁の歴史があったし、シュトライヒャーの上記のような反ユダヤ主義には批判的であった市のプロテスタント教会も「我々はわが民族の『ユダヤ化』と十分格闘しえていない」（Fritsch 1983）と市民に対し民族のユダヤ化に警告を発することを忘れなかった。

初期のナチスとニュルンベルク

総　統

ミュンヒェンの国防軍第四軍団司令部のマイア大尉に調査方（軍の政治情報活動）を命じられたヒトラーが、ナチ党の前身、反ユダヤで民族至上主義の「ドイツ労働者党」と接触を開始したのは一九一九年九月二日であるが、最初監察対象であった党に入党し半年後には国防軍除籍となったヒトラーは党の宣伝部の指導を引き受けている。ヒトラーの演説の才は彼が政治の舞台に登場しうる最重要の手段になったのであるが、ナチ党組織が台頭発展していくための重大な梃子《てこ》にもなったといえよう。おそらく党員たちの多くもそれを直感していたのではなかろうか。ヒトラーは、一九二一年七月二九日の党特別集会前に独裁権をもった第一委員長のポストを要求し、当日出席した五五四名のミュンヒェン支部党員から圧倒的な喝采を受けて公式に党の指導権を掌握するにいたる。当時三二歳のヒトラーは、ミュンヒェン中央駅に近いツィルクス・クローネでのこの集会で、党機関紙『フェルキシャー・ベオーバハター』を編集していたヘルマン・エッサーから「我らが運動の総統《フューラー》」と紹介されている。同年一一月七日の機関紙ではすでに「ナチ党総統」と呼ばれているのも注目されるところである（マーザー　一九六九）。

ドイツの社会学者マリーア゠ライナー・レプシウスは、ヒトラーが権力掌握にいたる過程で三度にわたり自らをカリスマ的指導者として、人びとに認めさせるだけでなく人びとを服従させることに成功した、と指摘しているが（Lepsius 1986）、レプシウスによれば、その最初がこの一九二一年七月の特別集会であったということになる。あるひとりの人間の資質が、超自然的・超人的・非日常的で、普通の人びとにとっては手に入れることのできない資質、あるいは神から与えられた資質と価値づけられるという意味でのカリスマは、いうまでもなくマクス・ヴェーバーの『支配の社会学』の中で、指導者の認知、行動様式、組織、支配の性格、指導者への服従の形式等に特に影響を及ぼす特別の資質として決定的に意義づけられた概念である。

ヴェーバーにとって、カリスマ的指導者がかかる資質を実際にもっているかどうか、すなわち、そのような資質が客観的に正しく価値づけられているかどうかは、極端にいえば問題ではなく、この資質がカリスマ的指導者に支配されている被支配者から実際にどのように価値づけられているのか、ということの方がはるかに重要な問題であった。さらにカリスマは、ヴェーバーによって支配関係の脈絡におかれることで、あるひとりの人間に賦与される特異な資質というばかりでなく、そのように資質が信じられることを媒介にした社会関係の独特のパターン（カリスマ的な社会関係）をも意味するようになったといってよい。

ナチズム運動の特徴

ナチズム運動がすぐれてヒトラー運動であったという脈絡において、このカリスマ的な社会関係を問題にする場合、ここで特に指摘しておきたい特性が二つある。第一の特性は、指導者に対する絶対的な帰依という点であり、これは帰依する者たちの義務になるという点である。指導者はこの義務を要求し、至高の権力への従属を要求する。帰依者たちは、この義務を受け入れ、指導者の命令に従う。第二の特性は、カリスマ的リーダーシップを中心にして形成される社会集団（カリスマ的共同体）が、指導者に対する人格的個人的帰依によって結ばれた心情的共同体という点である。カリスマ的指導者が選んだ代行者同士の間にはヒエラルヒーもなければ、きまった権限分画もない。カリスマ的共同体は、指導者を中心に統一されている反面バラバラであり、集権的であると同時に無秩序というのが内部的実態である。この他にも重要な特性として、通常は個人の行動を制御しているはずの規範の無視（指導者だけでなく帰依者たちもこの規範無視を受け入れる）という点があげられるし、カリスマはその証《あかし》と成功を必要としている（さもなければカリスマ的指導者も神から見放されたとされ、カリスマとしての権威は消滅する）という点も重要であろう（芝　一九九二）。

ナチズム運動史の叙述は、もちろんヒトラーについてこれまでも意識して「カリスマ的指導者」という言葉を頻用してきた。が、その場合、フューラー（指導者、ナチ党総統）としてのヒトラーにまつわるアウラ（オーラ）が、上述のようなカリスマ的社会関係の特性に裏打ちされていた点について明確化せず、何となくあいまいにぼかしたままであって、カリスマ的という形容詞についても実質的には無内容な修飾語ないし装飾として濫発するだけに終始するという傾向はなかったであろうか。

ヒトラーは、唯一の指導者の下、ナチ党を「明確に目標が限定され、厳格に組織され、精神と意思の統一された政治的信条・闘争共同体」（『わが闘争』）に構築することが、他の政治勢力に依存する危険を除き、圧力と威迫によって自らの望む政治効果を達成するための最適の方法であると考えていた。しかしこのような党構築のためには、彼の指導要求を党内の誰もが問題なく認め、党員がそれに積極的に従って任務をともにになうことが、必須の前提であり、そのために、ヒトラーの言葉でいうところの「下部への権威」「上部への責任」、命令と服従の「指導者原理」の、組織全体への貫流の必要が強調された。彼の権力増大と党の特異な組織構造としてのカリスマ的社会関係を支えていたものこそ、下に向かっての無制約の権力、上に向かっての無条件の責任というこの指導者原理の貫徹であった。

軍隊的要素と個人崇拝

これは、もちろんナチスの専売特許として突然生成したものではなく、第二帝制の官憲国家、軍隊、さらには世界戦争により広まったヒエラルヒー的・権威主義的組織経験にもとづいていたが、反革命義勇軍はじめ多数の準軍事組織の影響、ナチスのサブリーダーたちの間にみられたかなりの数の軍人出身者の存在、戦闘的な政治運動への軍隊シンボルの利用など、敗戦後ドイツ革命を経て騒然とした状況のなお続いていた政治空間へ軍隊指揮的要素が投影されたことは決定的で、責任の指導原則を質的に変えるものとなった。党員がそれぞれのレベルで、代表者選出や意思形成に直接関与するという意味での党内民主主義は、結局存立しえなくなっていく。軍の司令とナチ党の指導関係とのどこに違いがあったかと問えば、軍の権威は命令者個人から抽象化されうるのに対し、ナチ党のフューラー、ヒトラーと、信奉者たちとの間には、心情倫理的一致が受容されており、このアイデンティティを不可欠の前提として、ヒトラーは信奉者たちの無条件の信頼を要求しうる一方、自らが彼らの政治的意思の体現者として立ち現れることもできた。

「伝統的支配」「依法的支配」と並ぶきわめて索出的な概念として「カリスマ的支配」を世界に送り出すことになった「支配の三類型」に関するヴェーバーの遺稿が発表されたのとちょうど同じ頃、ヒトラーはドイツ・バイエルンの政治舞台において主役に成り上がる準備を整えつつあったということになる。ヴェーバーが晩年をミュンヒェンで過ごしたからといって当時ヒトラーとどこかで遭遇した形跡は今のところないし、ヒトラーの方で当時自らをヴェーバーのカリスマ的指導者のモデルとして再認識した確たる証拠もない。しかしヴェーバーの理念型をまるでそのまま現実化したかのごとく見えないでもないヒトラーの政治的実践の軌跡に、偶然の一致といっては済ませられない暗合、時代の兆候とさえいってよいものを、若き社会学徒としてすでに鋭敏に感じ取っていたノルベルト・エリーアスのような同時代人が存在したことは、もっと注目されてしかるべきであろう。

準軍事団体

ニュルンベルクにナチ突撃隊がデビューしたのはナチ党支部創設一週間後、折しもムッソリーニの「ローマ進軍」が成功をおさめた直後の一九二二年一〇月二七日であった。この暴力組織は、ニュルンベルクにおいても最初から政治的反対派を意識的に挑発し、共和国を支持する人びとを攻撃することになんらためらいを見せなかった。だが、ナチ党自身、突撃隊が政治的敵の暴力戦術、わけても「赤のテロ」から、組織を防衛するために必要であるというレトリックを頻繁に用いカモフラージュにつとめたこともあって、戦後簇生《そうせい》していた準軍事団体がまたひとつ増えたぐらいにしか受け止めない市民も少なくなかった。一九一九年四月、すでに隣町エアランゲンで旗揚げした反革命義勇軍オーバーラントが革命による帝国軍の解体状況下、この地域の軍人団体のはしりであり、その後もさまざまな泡沫的軍事組織が産声をあげたが、ピーク時で八〇〇〇人を擁した保守反動旧世代の多い志願制住民軍が一九二二年まではニュルンベルクのこの種の組織で最大のものであった。

ジェーノヴァ会議が数週間前に終わったばかりの二二年六月二四日、ユダヤ系の大企業家で当時共和国外務大臣を務めていたヴァルター・ラーテナウ（民主党）がベルリン郊外グルーネヴァルトの自宅を車で出てまもなく爆弾を浴びて殺害された。この暗殺を計画したコンスル団は、カップ一揆挫折でちりぢりとなったエアハルト大佐指揮下反革命義勇軍の残党非合法極秘テロ組織でありながら、右翼バイエルン政府によってナチ党に潜り込んでいたのを黙認され資金提供さえ受けており、当時オーバーフランケン支部がニュルンベルクにおかれていた点も、注意の必要な事実である。市のモニンガー印刷所の共同所有者であったヴィルヘルム・リーベル中尉も退役後コンスル団のアクティヴをつとめたが、後にニュルンベルク・ナチ党市議会議員団長となり、第三帝国時代には市長を務めるにいたっている。フランケンの最初の突撃隊指導者シュタインベックもコンスル団に籍をおく者であった（彼はその後シュトライヒャーと衝突したため二三年七月退任し、その後を襲ってこの地域の突撃隊リーダーとなったのは、バーデン邦裁判所長官の息子で、後にナチ党最高裁判所長官に就くことになったブーフ退役少佐であった）（Reiche 1986）。

突撃隊

「闘争期」のナチズム運動は突撃隊（ＳＡ《エス・アー》）ぬきに語れないといってよい。雄弁家ヒトラーを護衛するボディーガード班から、党の会場警備隊、「体操・スポーツ部」を経て、一九二一年一一月四日ミュンヒェンで正式に名乗りをあげたこの組織は、後の突撃隊幕僚長、当時はなお国防軍第四軍団司令部所属（カール・マイア大尉後任）であったエルンスト・レーム大尉の口利きで、エアハルト義勇軍の将校連中から指揮官たちを提供されていた。一九二一年八月の中央党国会議員エルツベルガー殺害に関与したマンフレート・フォン・キリンガー中尉もこうしてコンスル団から突撃隊に迎えられたひとりで、第三帝国期にはザクセン州首相をつとめた。突撃隊や親衛隊の研究で知られるハインツ・ヘーネも「エアハルト旅団がヒトラー突撃隊に変身した」と指摘しているように、ヒトラーは、エアハルト部隊出身の将校たちに対する対抗的錘《おもり》として第一次大戦の「空の英雄」ヘルマン・ゲーリング元空軍大尉（のち帝国元帥）を突撃隊司令官に起用して、バランスをとらねばならなくなる（Höhne 1967）。外部からの指令に動かされることのない、自己の確実な武器となることをねらったのであった。

一九二三年一月一一日、フランス軍五個師団がドイツの賠償不履行を理由にルール地方を占領し、ミュンヒェンでは特にナショナリズムの感情が熱気を帯びつつあった。そのようななか、一月二六日にはレーム等の肝いりで帝国国旗団、ナチ党、ミュンヒェン祖国主義連合、その他の民族至上主義組織、準軍事組織を集めて「祖国主義的闘争同盟共働団」が創られた（二月五日公然と旗揚げしバイエルン政府とも交渉）（Röhm 1928, Gordon 1971）。ヒトラーは「汚染されたドイツ、共和国の中に、民族主義的バイエルン国家をつくる」ことがこの「共働団」の課題であるとし、より直接的な目標としては、バイエルン政府に圧力を行使しうる運動をつくりあげることを目指した。レームはこの同盟組織を軍と準軍事諸組織とがより緊密に協力していくための梃子とみなし、突撃隊の軍事化もはかっていこうとしていた。

初の全国党大会

ヴァイマル共和国政府がルール占領に対する国民的統一戦線と「受動的抵抗」を国民に呼びかけるなか、ミュンヒェンにおいては、ナチ党が一月二七日から二九日にかけて党員約一万五〇〇〇名を集めてはじめての全国党大会を開催した（Burden 1967）。ヒトラーは、共和国政府の統一戦線の内実が、国民を欺く者と、欺かれている国民との連合でしかなく、わがナチ党こそこれにかわるべき真の統一戦線を追求している、と公言した。すなわち「十一月の犯罪者」（一九一八年一一月、革命を推進した人たちとこの革命によって権力を手にした社会民主党はじめ共和国の指導者たちをナチスはこう呼んだ）を除去する点で一致できるあらゆるドイツ人の統一戦線を我々は追求していると訴え、フランスを打倒する前にまずドイツ国内の敵、「十一月の犯罪者」を撲滅することの方が先決である（Jäckel 1980）、と党大会で強調したのであった。

この党大会において、のちのニュルンベルク党大会にも受け継がれていくいくつかの特徴的な要素がすでに看取される。一つは、いうまでもなく、大会期間中の種々の集会においてヒトラーの登場と演説がハイライトにされていたことである。いま一つは、突撃隊への隊旗授与が象徴的意味をもつ儀式として、きわめて重要な位置をこの時から占めたことである。ヒトラーは一月二八日、約六〇〇〇人の隊員がマルスフェルトで整列する中、彼自身が立案した最初の突撃隊旗を、ミュンヒェン第一・第二連隊、ニュルンベルク連隊、ランツフート連隊に授与した。その際「祖国ドイツが再び自由かつ強大になる日まで」(＝ナチ党が権力を握るまで)(Jäckel 1980) 休みなく闘う覚悟を、隊員は誓約しなければならなかったが、同時に突撃隊の掲げるハーケンクロイツ旗が将来の新しい国旗としての象徴たるべきこともヒトラーによって確認されたのであった。

この最初の全国党大会をめぐって、ナチスは一揆をおこすつもりだ、という噂が巷間に流れ、不測の事態が生じることを懸念したバイエルンのクニリング政府はミュンヒェンに戒厳令を布いてナチスの大会や集会を禁止したが、レームは上司で反革命義勇軍司令官でも有名だったフォン・エップ将軍を動かしてドイツ国防軍バイエルン司令官ロッソにヒトラーを支持させ、当時オーバーバイエルンの知事だったカールとミュンヒェン警視総監ノルツも、ヒトラーが一揆などおこさないという誓言を容れたため、結局大会開催が可能になるという経緯があった。ヒトラーは、まるでバイエルン政府権力に対する勝利者であるかのように公衆の前にたちあらわれることができたのであった。一月二八日に社会民主党機関紙『フォアヴェルツ（前進）』は「ヒトラーが指図し、シュヴァイヤーがその言いなりになった」と切歯扼腕《せっしやくわん》の報道をおこなっている。シュヴァイヤーとは当時のバイエルン内相のことである。

ニュルンベルクでは、鉄道労働者がナチ党の小部隊を乗せたミュンヒェン行き列車の運行を妨げたりする動きもあったが、レームも回顧録で「ニュルンベルク警察では、警視総監ガーライスとその忠実な部下シャヒンガーが、運動にとって困難な状況がおこったときに有力な援助をしてくれた」(Röhm 1928) と記しているように、ナチズムをバックアップし民主党市長ルッペと争える勢力が市当局にもすでに盤踞《ばんきょ》していた。そしてこの二人と緊密に連絡をとりあっていたニュルンベルクの帝国国旗団ハイス大尉も、ヴェルサイユ条約履行にかかわるニュルンベルク志願住民軍の武装解除担当の委員でありながら、ナチスに武器を横流ししていると目されていた。

メーデーと一揆

一九二三年のメーデーは、緊張をもって迎えられた (Deuerlein 1974)。ミュンヒェンでは、一九一九年のアイスナー暗殺後の混乱の中で誕生した評議会政権を鎮圧した五月一日を記念し共産主義からの「解放」四周年としてこの日祝おうとしていた全右翼戦線は、労働組合の伝統的なデモ行進さえ公然たる挑戦と受け取った。そして当日早朝、市のオーバーヴィーゼンフェルトには、ゲーリングに率いられた突撃隊、クリスティアン・ヴェーバー博士のオーバーラント義勇軍、ザイデル大尉の帝国国旗団が武器を携えて続々集結、軍事指揮は共働団の総裁クリーベル大佐がとり、政治指導はヒトラーが引き受けて訓練を開始した。一方、労働組合は、秋にはミュンヒェン名物オクトーバー・フェスト（ビール祭）の開かれることで知られる市のテレージエンヴィーゼで平和的に祝典を始めた。結局昼過ぎに、バイエルン武装警察隊を従えた国防軍部隊とともにレームがあらわれ、政府と軍は、左翼からの危険はさしあたりないという判断に達したので、武器を返却するように、とヒトラーに伝える。ヒトラーもこれに従い、一触即発の危険はかろうじて回避されたのであった。

このメーデーに際してはニュルンベルクでも緊迫した動きが見られた。すでに共働団がメーデーのデモをミュンヒェンでの一揆の契機として利用しようとしているという噂が囁《ささや》かれていたが、四月三〇日深夜、六〇〇人のナチスがミュンヒェンに向かおうと計画しているという情報が警察から市長に伝えられた。そしてその直後には、ニュルンベルクのナチスが市内ベッケンガルテンに集結し、翌日のメーデーの労働者による平和デモを混乱に陥れ血のメーデーに変えようとしている、との情報が社会民主党から寄せられた。早朝現場に駆けつけた警官隊は、重機関銃三機、軽機関銃二機、自動小銃二挺、かなりの数のサーベルと銃剣、七〇〇〇の弾薬を見つけて押収した。市長ルッペは、けっしてこれを孤立した出来事とはみなさなかった。ミュンヒェンで右翼が武装蜂起すれば軍と警察はクニリング政府を支持しないのではないかとの疑念を内相シュヴァイアーが最近表明したと知らされていたからであり、さらにミュンヒェンから飛び込んできた共働団による軍事演習のニュースは、ルッペにヒトラーおよび彼と同盟した組織がまもなく行動に立ち上がるものと確信させた。ミュンヒェンの状況はいたって平穏ですという市警視総監ガーライスの言葉を信じられなかったルッペはニュルンベルクの武器発見も蜂起切迫の証拠とみなし、ベルリンの共和国首相クーノに打電して、ミュンヒェンで蜂起という事態になれば、ニュルンベルク市を国防軍がまもってくれるかどうか検討を依頼した。だが、バイエルンの公務員は適切な官許なくあるいは勝手な推量によって中央の共和国政府と接触してはならないということになっていた。ミュンヒェンの邦議会でルッペのこの照会をのちに問題にした時、内相シュヴァイアーは、状況がまったく当たり障りないものであったのに、ニュルンベルクでは前代未聞のことがおこり、市長は、バイエルン政府に隠れてこっそりベルリンからプロイセン国防軍を派遣してくれるよう頼んだ、とルッペを攻撃した。調査の結果ルッペの照会自体はシロとなったものの、バイエルン州議会はニュルンベルク警察の予算承認権をもつことになった（Reiche 1986）。これは、以後、警察に対するニュルンベルク市当局による直接のコントロールが効かなくなっていく契機となり、ガーライスの親ナチ路線と相まって、ナチ党や突撃隊に対する市当局の効果的措置の実施を困難にしていくことにもなった。

蜂起

左翼に対する意識的な挑発は、その後もニュルンベルクで繰り返され、一九二三年九月一・二日の「ドイツの日」には約一〇万人の右翼が大示威行進に参加した（Deuerlein 1974）。この「ドイツの日」のデモンストレーションは、形式的には、ドイツ軍の二つの華々しい歴史的な大勝利、すなわち独仏戦争における一八七〇年九月一日の「セダンにおける勝利」および第一次大戦における一九一四年八月三〇日の「タンネンベルクにおける勝利」を記念するものとしてとりおこなわれた。「タンネンベルクの英雄」のルーデンドルフ自身も含め、ルートヴィヒ・フェルディナント・フォン・バイエルン公、オスカー・フォン・プロイセン公、フォン・コーブルク公等の王族やシェーア提督その他多数の高名な軍人名士が来賓として迎えられたが、ヒトラーをはじめ決起にはやる勢力にとっては「ヴァイマル共和国の打倒」と「ヴェルサイユ条約の破棄」の宣揚の方にむしろ第一のねらいがあり、「ドイツの日」の最も重要な成果は、オーバーラント団、帝国国旗団、ナチ党突撃隊による「ドイツ闘争同盟」の結成にあった。闘争同盟の政治指導をゆだねられたヒトラーは、ルールにおける受動的抵抗の中止がシュトレーゼマン共和国中央、大連合政権によって呼びかけられた九月二六日以降、いよいよ「国民の自力救済」を強調するようになる（マーザー　一九六九）。目前に迫ったヒトラーたちの武装蜂起を防ぐという名目で二六日当日バイエルン政府閣議によって州総監に任命されたフォン・カールは、国防軍第七師団司令官フォン・ロッソ、州警察長官ザイサーに支えられ、二七日には一四の会場で開催が予定されていたナチ党の集会を禁止した。フォン・カールらの「三頭政治」の真のねらいは君主制の復活と中央からの分離による共和国の政治的転覆にあったが、その後一〇月から一一月にかけ闘争同盟の代表者たちとカールらとの協議が重ねられるなかで、もともと君主制の復活など毫《ごう》も望んでいなかったヒトラーは、不信の念を募らせるようになり、事態切迫のなかで何より「出し抜かれる」ことを怖れるにいたり、革命五周年の一一月八日、ビアホール「ビュルガーブロイケラー」でおこなわれたバイエルン邦の記念集会に突撃隊を率いて乗り込み並み居る名士たちを恫喝《どうかつ》して「国民革命」を宣言する。翌日にはこのヒトラー一揆が、ルーデンドルフも加わった武装デモ行進強行中、警官隊の射撃を浴び一六名の死者を出して挫折したことは、すでによく知られた歴史的事実であろう。

　ユーリウス・シュトライヒャーはヒトラーに呼ばれてミュンヒェンに赴きこの最後のデモにも参加している。「一一月九日、彼は私と並び、さらには私の前を進み、胸をはだけてひとりの勇士のごとく立った。ひとつの理念のために死ぬ覚悟ができている人間とは、まさに彼のような人間であると思う。運動はこういう人物を必要としているのだ」とヒトラーは『わが闘争』でこの時のシュトライヒャーを絶賛しており、シュトライヒャー自身も戦後ニュルンベルク国際軍事裁判の被告席で「党旗よりも一〇メートル先にいてバイエルンの警官隊に向かっていった」とこのときの行動を説明している。以後、犠牲者に対するナチ党恒例の儀式となった一一月九日の追悼行進では、シュトライヒャーは、行列の先頭、血染めの旗と並んで行進する栄誉を獲得することになる。

ヒトラー裁判とその影響

　ニュルンベルク市長ルッペは九日午前一時半ベルリンのゲスラー国防相からの連絡で一揆の事実を知った。また政府への忠誠については依然おぼつかない北部国防軍部隊が、さしあたってバイエルンへは派遣されないこともルッペは知ったのであるが、ニュルンベルク駐屯歩兵部隊指揮官ベック中佐には咄嗟の判断で秩序回復のためバイエルンに向けて軍は進軍中と伝えた。警視総監ガーライスは今回だけは事態の形勢を見るにきわめて慎重で市の闘争同盟の動き（すでに一揆前に事実上分裂）に厳戒態勢をとり、ブーフ指揮下のニュルンベルク突撃隊も結局動かずニュルンベルクでは珍しく混乱が避けられた。だが、ヒトラーが重傷を負ったという誤報も飛び交う中で、「ヒトラーの血はユダヤ人の血をもって贖《あがな》われなければならない」と、ニュルンベルクに暮らすユダヤ人に対するポグロム（組織的なユダヤ人襲撃）をブーフが嘯《うそぶ》いたあたりにすでに突撃隊に特徴的な事態への反応の仕方がうかがわれるのである（Gordon 1971）。

一九二三年一一月一五日にはベルリンの共和国法務省において、ヒトラーら逮捕された一揆首謀者に対する裁判をめぐり協議がおこなわれ、この席上法務次官クルト・ヨエルは共和国防衛法違反の反逆罪裁判として被告たちをライプツィヒでの国事裁判にかけることを主張した。しかし、バイエルンの代表者たちは、社会民主党のエーベルトが大統領を務める共和国の国事裁判は社会民主党の恣意的な裁判になると激しくこれに反対したため、結局被告たちはミュンヒェンの「国民法廷」で裁かれることになった（Deuerlein 1974）。

一揆の首謀者たちにいたって理解と同情を示した当時のバイエルン法相ギュルトナー博士は、その後一〇年もしないうちに成立することになったヒトラー政権下、法務大臣に迎えられることになるのである。ヒトラー、ルーデンドルフ、レームらに対する裁判は二月二六日から三月二七日まで審理をおこなったが、わけても共和国に対してヒトラーが「一一月の犯罪者」「ユダヤ人の政府」「マットレス職人」（大統領エーベルトに対する揶揄《やゆ》）、「臆病と腐敗のベルリンの体制」「エーベルト化され台無しにされたベルリン」など無数の侮辱的言辞を弄《ろう》しても制止されなかった。ヒトラーに格好の政治宣伝を提供し彼の独壇場になったという意味でのこの「ヒトラー裁判」の判決は、二四年四月一日ヒトラーに五年の禁固刑を言い渡した。だが、拘禁もヒトラーの名誉を配慮した快適な条件のもので、最初の六ヵ月間を問題なく送れば釈放するという半ば執行猶予の判決であり、「ヒトラーのごとくかくもドイツ的に考え感じるような人間に共和国防衛法は適用されえない」としたのであった。

この裁判の史料は、実はこれまでその抜粋しか一般に知られていなかった。ようやくミュンヒェンの現代史研究所の編纂による公刊史料が一九九七年から刊行され始めているが、なぜその審理の全貌が史料として姿を現さなかったか、と問えば、軍・警察の部分に関して差し障りがあったことがまずあげられるのではなかろうか（Gruchmann／Weber 1997）。また当時検察側で裁判にかかわった、たとえばハンス・エーハルトの場合、のちのドイツ連邦共和国（西ドイツ）成立にとってひとつの画期をなした一九四七年六月上旬の州首相会議にもバイエルン代表として出席し中心的役割をになった人物である。その二三年前ヒトラーを一躍有名にするのに一役買っただけでなく、訴訟指揮の面でもヒトラーに不利な追及を差し控えたという過去が明らかにされるのは望ましくないと判断された時期が戦後長く続くことになったといわざるをえない。

暴力と祝祭の空間

全国党大会の歴史

親衛隊と血染めの党旗

一九二四年一二月二〇日ランツベルク要塞監獄から釈放されたヒトラーは、一揆をおこしたミュンヒェンのビヤホール、「ビュルガーブロイケラー」において翌年の二月二七日ナチ党の再建集会を開き、一九二六年七月三・四日テューリンゲン邦都ヴァイマルでようやく第二回全国党大会にこぎつけている。他ではなくヴァイマルが開催地として選ばれたのは、他の邦ではなお禁止されていた党首ヒトラーの演説が、唯一テューリンゲン邦で例外的に禁を解かれていたことにあった。

ヒトラーは「政治・理念・組織」と題するこの時の演説でミュンヒェンでの第一回党大会を振り返りつつ、ナチ党大会そのものの意味について次のような確認をおこなった。すなわち、ナチ党大会が、党の一致結束した力のイメージをつねにあらわし、他の諸政党の同種の催し物のように争いの充満する党集会でないことを確認し、今大会も自分たちの運動の若い力の大示威という特徴を帯びるべきであるとしたのであった（Tyrell 1969）。

ちなみに一九二六年は、ナチ党青少年団、ヒトラー・ユーゲントが誕生した年でもあり、それこそ党大会でデビューしたのであったが、この第二回党大会においてはヒトラーによる旗の授与があらためて重要な意味を持った。「ヒトラー衝撃隊」を前身とし、前年の二五年末に発足した親衛隊（SS）の全国指導者ベルヒトルトに対してヒトラーは、二三年一揆の終局、警官隊に射殺された犠牲党員の血に染められた旗を授与したのである。親衛隊はここで運動の総統たるヒトラー個人への忠誠を、善悪を超越したものとして誓い、党の最も厳格なエリート組織として血染めの旗をゆだねられたのであった。この旗は、総統のために犠牲になった党の同志を忘れないいましめの義務の象徴となり、総統のカリスマ性を高め、同時にこのエリート組織の親衛隊をより強くヒトラーに結びつけるものとなった。

以後、突撃隊・親衛隊の新しい連隊旗はすべてこの血染めの旗に触れることで聖祓《せいふつ》を受けるものとされるようになる。これを媒介する役割を党総統としてのヒトラーが独占した

ヒトラー・ユーゲント

ことはいうまでもない。そして運動の犠牲者を祀る儀礼と旗授与の儀式は緊密に結合され、このセレモニーは以後のナチ党大会においてつねにクライマックスとして位置づけられるにいたった。

ニュルンベルクとナチス

一九二七年（第三回）から一九三八年（第一〇回）まで党大会は間欠的ながらいずれもニュルンベルクで開かれている。この都市が正式に党大会の町と定められたのは、ヒトラーの政権掌握後半年経った一九三三年夏であり、しかも彼自身の決定にもとづいていた。町の南郊外に一九〇六年のバイエルン邦博覧会時造成された広大な林苑ルーイトポルト・ハインを党大会の実演場《ゲレンデ》に充てることができたというスペース上の利点、またニュルンベルクが鉄道ネットワークの結節点としてドイツ全国からきわめて集まりやすい位置にあったという交通地理上の利点、さらに本書冒頭で指摘したような「神聖ローマ帝国」の歴史において重要な役割をになった帝国都市としての伝統が喚起するイメージ効果など、この都市を選ばせる好条件がいくつか存在したことはたしかである。しかし近年の研究の中で明らかになってきたことは、警察がナチスにこれほど好意的であった都市はなかったという、これまで本書ですでに強調してきた点であり、これがナチ党大会にとっての最も重要な「好立地」の理由であったとする指摘も無視できない（Zelnhefer 1991）。

では一九二七年八月一九日から二一日にかけて開かれた最初のニュルンベルク党大会はどのような大会だったのであろうか。二七年当時のナチ党の党員数は七万二五九〇名に膨らんでいたが、バイエルン警察の報告によれば大会参加者自体は一万五〇〇〇から二万人であった（Deuerlein 1974）。ナチ党の新聞その他のメディアは突撃隊の隊員参加が三万人、党全体で一〇万人と豪語したが、いささか誇大に見積もった数字であることも明らかであり、突撃隊、親衛隊、ヒトラー・ユーゲント合わせても九〇〇〇人の参加者を超えたとは思われぬものの、党員数と支持者数の間にさしたる乖離が見られぬ「核政党《コア・パーティ》」の典型的な凝集力を示威することができたといえよう。すでにこの年の三月五日にはバイエルンでの演説禁止を解かれていたヒトラーは「ドイツ民族に不十分な居住空間しか与えられておらず、しかもますます国家間での経済闘争が熾烈《しれつ》先鋭化することによって必然的にヨーロッパの国々の間の暴力的対決が迫ってきている」とし「市民的世界は、かかる問題を克服しえず、国民も多数決の支配をもはや望んではいない」中、ナチ党の課題は、ますます多くの人を吸い寄せられる「核を形成する」ことにあると強調し、ハーケンクロイツ旗こそが、国旗を現在有していないドイツ国民のための、将来のドイツ国旗になる、という注目すべきシンボル問題発言をおこなった。

賠償問題

つづく、一九二八年の党大会は財政的窮乏のためにやむなく断念されねばならなかったが、翌二九年の第四回党大会は、世界戦争にドイツが突入して一五周年の八月一日が象徴的オープニングの日として選ばれた（Zelnhefer 1991）。すでに国内では政治的変化の兆候がはっきり現れ始めていた。ヴェルサイユ条約成立後一九二四年にドイツの賠償支払を暫定的に定めたドーズ案にかわって、二九年四月に新たに提示されたヤング案は、ドイツにはそれなりの負担軽減をもたらすものであったが、賠償額の最終的な確定がかかり、とにもかくにも以後半世紀以上賠償支払を続けねばならないということもあって、この案を「ドイツ国民奴隷化計画」として拒否し、このプランを受け入れる政治家を断罪するための国民表決を提起したいわゆる「国民的反対派」の全国委員会が七月九日形成された（Broszat 1969）。国家国民党（DNVP）党首フーゲンベルク、数の上では当時突撃隊をはるかに凌《しの》いだ最大の軍人団体シュタールヘルム（鉄兜団）指導者ゼルテ、汎ゲルマン主義全ドイツ連盟会長クラースらに加え、ヒトラーも参加したこのヤング案反対全国委員会が「ドイツ民族奴隷化反対法」を国民表決にかける運動を展開したため一九二九年夏ヤング案問題は一大争点になったのであった。特に「反対法」第二条では、ドイツの戦争責任を規定したヴェルサイユ条約第二三一条を槍玉にあげて国民に訴えかけたが、ナチ党は、「国民的反対派」のキャンペーンと全国民の関心を集めたこの賠償問題で、最も激烈なヤング案攻撃キャンペーンを展開した。そして、従来政界で周辺的であった存在から、今や同盟可能な勢力になった点を印象づける一方、右翼の中でも最もラディカルな抗議政党であることをアピールしたのである。

「統制」というプロパガンダ

先頭に立ち宣伝活動のイニシアティヴを握ったかかる状況下、ナチ党は、八月一日ニュルンベルクの町を前回を上回る党員大衆動員でもって覆い尽くすような形で第四回全国党大会を開いた。

この党大会の主役は突撃隊であった。当時二万五〇〇〇名の全国隊員のうち二万三〇〇〇名が結集してデモンストレーションをおこなっている。ミュンヒェン一揆以後のナチ党指導部は、党綱領をアピールしていく以上に、公衆の面前に秩序と紀律のとれた突撃隊を登場させ、制服に象徴される美的・視覚的効果に訴える方法を、宣伝手段として優先させていたように思われる。それは一九二六年一〇月一日以降、突撃隊司令官の任に就いていたプフェッファー・フォン・ザーロモンの次の命令にも明瞭に看取できる。

突撃隊が公衆に対面する唯一の形態は、統制のとれた登場である。これは同時に最

第4回党大会（1929年）　中央駅前

も強力なプロパガンダの形態となるからである。内部から見ても外部から見ても均質の、規律ある兵士たちの大集団が、休みなく闘争の意志を見せ感じさせる光景は、あらゆるドイツ人に深い印象を刻印し、その心に、書物や演説や論理よりもはるかに説得的なヨリ魅力的な言語で語りかけることになる。

泰然とした覚悟、それを自明のものとする態度は、力の印象を強め、行進する隊列の力、行進がそのためにおこなわれている目的の力を強める。目的を信じているこの奥底からの精神的力こそドイツ人の感情にアピールし、目的の正当性を納得させるのである。……全部隊が計画通りに（したがって集団暗示による突然の激情の奔流に身をまかせるのではなく）肉体・生・実存をあるひとつの目的に捧げるところでは、この目的は必然的に偉大で真実のものになるのだ！（Tyrell 1969）

今大会のために三五本の特別列車が組まれニュルンベルクに党員隊員を運んだが、はじめてやってきた参加者の感激は並々ならぬものであった。ヘッセン・ナッサウ大管区からやってきたひとりは興奮さめやらぬ口調で以下のような報告を書いている。

一九二九年のニュルンベルクよ、汝は忘れ得ぬ体験であり、この体験がけっして失われぬように私は願っている。はじめて一〇万人の党の同志が一つの町に会した。はじめて私は運動の力を眼前にありありと見た。はじめて総統の御姿を見ることができた。その時から私はドイツを征服するぞと心に固い確信を抱くにいたった。我々はすべてこの強烈な体験に酔い、総統が我々の死後一〇〇〇年も存続すべき新しい帝国を建設しうるよう、一〇万人の人間がすべてこのひとりの人物のまわりに結集し、一〇万人のドイツ人がすべてこのドイツを征服するという目標と意志をもったのだ。そして我々はニュルンベルクでこの帝国のための戦士となったのであり、しかも我々にとって大会の日々は、さながらすでにドイツ国家を征服したかのように感じられた……(Steinweg 1983)

暴力のエスカレート

おそらくこの「闘士」は、ナチスの権力掌握が一時的ながらすでにひとつの都市で実現したかのごとき状況を党大会が現出させていると強調したかったのであろう。だが、党大会の期間中、ニュルンベルクの町が当然我々のものだという肥大化した自己意識は、突撃隊を暴走させることにもなった。一九二九年のこのナチ党大会がバイエルンの境界をこえて注目を集めたのも、突撃隊の行進はじめ党の公式の行事よりは、むしろそうした行事の周辺でおこった事件の方だったのである。

左翼との小競り合い自体前回二七年の時になかったわけではないが、今回の衝突は新しく野蛮な色あいをおびることになった。左翼の防衛組織、共産党の「赤色戦線闘士同盟」や社会民主党の「国旗団・黒赤金」は、ナチの組織的暴力行動に対し今回はそれ相応の準備をしていた。共産党は八月一日を「反戦デー」とし八月四日にも反ファシズムのデモを予定していた。突撃隊隊員を乗せた列車がニュルンベルク駅に到着した初日から刃傷沙汰が始まり、ナチ側にも早速三名の負傷者が出る。また偶々《たまたま》オートバイに乗った若い隊員がトラックにはね飛ばされて死亡する事故（これ自体は純粋の交通事故）がおこったことから、隊員の多くが殺気立ちあるいはナーヴァスになる。八月二日の夜には国旗団の連中との口論が、殴り合い、はては射撃戦に移行し、また負傷者が出る。それを「観戦」していたひとりのナチ女性党員に流れ弾があたって死亡する。それが弾は突撃隊最高司令官に命中したという噂にかわる。となると、政党の記章をつけた通行人（たいていの場合、共和国のシンボル、黒・赤・金のバッジをつけた社会民主党員）を見つけては記章を奪ってさんざん殴りつける。あるいは地区労働組合の建物から黒・赤・金の共和国旗の引き降ろしを要求し、これを聞き入れないと数十人の隊員で組合員を叩きのめし、建物・設備を破壊する。あるいはまた「ドイツ共産主義青年団」、「赤色救援組織」等のオフィスも兼ねた「カフェ・メルク」を数百人の隊員で襲撃する。——こうした具合に、暴力行動は、乱暴狼藉から準軍事行動にいたるまでエスカレートし、どこまでいったらとまるのかわからない様相を呈していった。

突撃隊と暴力

突撃隊指導部では、もちろん各地域出身部隊に出発前あるいはまたニュルンベルク到着後、以下のような注意を与えていた。

大会中は、あらゆる時あらゆるところで自らがナチズム運動の代表者であることを忘れてはならない。……国旗団や赤色戦線の連中よろしく人を侮辱したり人にからむべきではないしまたそうしてはならない。どんなことがあっても特に酔態をさらすようなことがないように。アルコールのたぐいは避けること、特に秩序壊乱に走らぬよう。ニュルンベルク警察は上から下まで真っ当な、心は骨までドイツ的な人たちから構成されていることを忘れてはならない！……あらゆる衝突を避けること。さらにユダヤ人に決着をつけようとはやるあまり、つまらぬ喧嘩に走らぬこと。諸国にとってのこの国際的な敵は将来我々が権力を握った暁には殲滅してやるのだから。（Zelnhefer 1991）

しかし、警察の方は松明《たいまつ》行列やパレードの時の突撃隊の紀律と、それ以外の時の無軌道ぶりとの、あまりの懸隔に唖然とした報告を直後に書いている。党大会最終日八月四日日曜日の午後、すでに町の中心部での「記念行進」を終えた突撃隊に、列車待ちの間自由行動の許可が出されると、彼らは、政治的敵の拠点とおぼしき箇所を片っ端から襲い始め、街を一時無法占拠状態に陥らせるにいたったのであった。こうした事態尖鋭化のためにヒトラーは急遽最終演説を中止して突撃隊司令官プフェッファーと協議し、冷静さと自粛の態度を取り戻すよう突撃隊に要求し、警察との全面衝突にいたらぬよう警告を発した。隊員たちもようやく夜九時半頃になってヒトラーの命令に服し、街を「明け渡し」たのである。

この突撃隊の無秩序な暴力行動について、突撃隊司令官プフェッファーは「マルクス主義の攻撃戦術」を確認し「スパイどもが群衆を唆《そその》して仕返しに走らせ交番や警察署に対する襲撃を促し、ユダヤ商店、新聞社、労働組合への攻撃、彼らいうところの無気力ナチ党指導部の指令に対する無視、血讐を焚きつけたのだ」(Steinweg 1983)と弁明しながら、突撃隊将校たちに対しては「突撃隊兵士は、大集会あるいは大都市の集会においては絶えずひとまとめに指揮官の手に掌握しておく必要がある。都市での休憩時間や余暇はもってのほかである！　……信頼のおけない連中はけっして大きな会議に同行させてはならない。……マルクス主義者の攻撃は即刻また徹底的に反撃しなければならないが、事後の滅茶苦茶な復讐・報復は我々のとるべき手段ではないし、個人で勝手にやることも違法行為も許されてはいない。むしろ復讐の必要な悪行は銘記しておいて、より徹底的に決着をつけられる偉大な日まで忘れないことである。ドイツがあらゆる悪人どもから解放される前の暴力犯罪的個別行動は意味がないし有害でさえある」(Zelnhefer 1991) と伝えざるをえなかった。機関紙『フェルキシャー・ベオーバハター』においてナチ党は今大会「ニュルンベルク警察がまったく非の打ちどころない態度をとった」ことを賞賛した。

だが二九年八月二九日には、社会民主党議員団《フラクション》の提案でニュルンベルク市議会は、ナチ党による今後の市施設利用一切を禁止する旨決議した。

浸透するナチ党

一〇月一六日から二九日にかけて国民表決および「ドイツ民族奴隷化反対法」に支持を求める「国民反対派」に賛同する署名が集められ、計四一三万九〇〇〇人、有権者の一〇・〇六%の署名が寄せられ一二月二二日に国民表決が実施されたが、結局五八二万五〇〇〇人、有権者の一三・八%の支持が得られただけで終わった(国会ではナチ党国会議員ヴィルヘルム・フリック提案の同法案が八二対三一二で否決)。しかしナチスは保守的ブルジョアジーの間で政治的・社会的に受け入れられる存在になっていった。一二月八日のテューリンゲン邦議会選挙においては、ナチ党は全五三議席中六議席を獲得し、しかも絶対多数獲得党が存在しない中、キャスティングヴォートを握りドイツ国民党との連立政権をになって初入閣を果たした。ヤング案反対の闘いにおいて友党であった国家国民党の支持者を食った点も当時すでに注目されはじめていた。

同日、一二月八日のニュルンベルク市議会選挙でナチ党は得票率を前回（一九二四年）の一一・九％から一五・六％へと増加させたのであった。だが、『ターゲスポスト』紙は、この危険な兆候よりは社会民主党が前回より一万二〇〇〇票多く獲得し、得票率も二・三％増の四〇・五％を得たことの方に関心を注ぎ、二八年の国会選挙の時より三〇〇〇票ほど減らしていたことも意に介さなかった。ニュルンベルクでは国家国民党は前回に比べ一万二〇〇〇票も失っていた。

一九三〇年三月一一日にナチ党はこの年の党大会を八月二〇〜二五日に開催したい旨、市当局に申請を出した。「昨年の党大会終わり頃に暗い陰を生じた出来事はナチ党指導部の意図に起因して生じたのでは断じてなく、我々の意思にまったく反しておこったことである。党指導部は同種のことの生起をあらかじめ不可能にすべく今党大会のために断固予防措置を講ずる所存である」というヒトラー直々の誓約書も添付されていた。この申請が審議に付されるとナチ党市議会議員シュトライヒャーらは短期間でも開催期間中は失業が減る効果に他党議員の注意を喚起したが、結局二八対一九で申請は却下された。すでにナチ党側では他の町で党大会を開催するつもりがなかったのも特徴的といえば特徴的な点であった。したがって翌三一年にも開催申請がなされ市議会で審議がなされナチ党議員リーベルは二〇万人の党員がひとり平均三〇マルクを町に「落としていく」絶大な経済効果を強調した。一九三一年二月すでにニュルンベルクの失業者数は四万人を突破していた。背に腹は換えられず市長ルッペさえもたまらず開催に賛意をあらわしたが、結局僅差で今回も開催は見送りになったのであった（Zelnhefer 1991）。

政治的公共性の変質——突撃隊の暴力の空間と生態

ナチ「合法化」へ

一九三〇年の党大会をニュルンベルクでヒトラーがあえて強行開催しなかったのは、秋の国会選挙への配慮が何より優先されたことに因っていよう。三〇年九月の選挙をめぐっては突撃隊が自組織からの独自の立候補を党指導部に認めさせようとし、この要求が拒否されるなかで隊司令官プフェッファー辞任の事態を迎えた。突撃隊内ではベルリンを中心に党政治組織に対する不満と非難の声が高まり、東部突撃隊はついに党内「反乱」をおこした。ヒトラーは急遽ミュンヒェンの党本部からベルリンに飛んで「反乱」部隊を説得、自ら突撃隊の新司令官に就任して事態をようやく収拾した。九月一四日の国会選挙はナチ党の議席数を一二から一挙に一〇七へと伸長させ、党に「地滑り的勝利」をもたらしたのであった。

その一一日後、ヒトラーは、国防軍内で二九年秋以降ナチ細胞形成活動を開始した将校（叛逆罪容疑）三名を被告とするライプツィヒ「国防軍裁判」国事法廷に、証人として出廷し、何より国防軍に対して破壊活動をしない旨保証する「合法」宣誓をおこなった（ウィーラー＝ベネット　一九八四）。法廷において、ヒトラーは、ナチ政治運動の第一目標が国民の防衛能力強化にある点を強調したが、裁判はヒトラーに共和国解体の信条を公然と吐露させる効果的な場も提供した点でミュンヒェン一揆裁判と同じ事実上曰《いわ》く付きのものとなった。後に国防軍統合司令部の作戦指導部長としてヒトラーの戦争犯罪にコミットすることになったヨードル将軍が、戦後ニュルンベルク国際軍事裁判法廷で、「ライプツィヒの国事裁判でヒトラーが、軍に対するあらゆる破壊行為を拒否すると保証して、それまでの疑心暗鬼が解け、ようやく安堵した」と回顧しているように、国会選挙の大勝利と相まって、法廷でのヒトラー誓約のナチ「合法」コースが軍と共和国との間に楔《くさび》を打ち込んだのはたしかであった。

裁判は、肝心の重要な争点たるナチ党と青年将校との間の組織的連携いかんを解明しないまま、現役二名の被告を免官し、すでに突撃隊に入隊していたといわれる残り一名合わせ被告三名すべてに一年半の禁固刑を言い渡したが、ナチスは「国防軍の精神的獲得をめぐる決戦が今や決定的局面にはいった」とこの裁判を総括した。

党政治組織と突撃隊との確執

三〇年春の政権成立以来、議会多数派を欠いたために大統領の緊急令に依存せざるをえなくなっていたブリューニング首相が、三一年三月二八日、政治的暴力行為撲滅の緊急令をヒンデンブルクに発せしめると、ヒトラーは党員の非合法活動、不穏な行動の企ての一切を禁ずる命令を二日後に発し「党組織全体をただちに緊急令の条項に従わせること。全党をあげて違反を防止すること」と厳命した。党のこうした合法戦術に飽き足りない東部突撃隊指導者、ヴァルター・シュテンネスを中心とするグループは、四月一日党本部に異議申し立てをおこなった。プフェッファーと僚友関係にあったシュテンネスは、年の初めからヒトラーに乞われて突撃隊の実質的指導に就いていた新幕僚長レームの指揮にも不満をもっていたが、テューリンゲン邦連立政権からナチ党閣僚が折しも排除された党内危機を生かせず、結局グループが党から排除される形で「反乱」は終息した。この年七月半ばには四D（イニシャルDのつくドイツの四大銀行）のひとつ、ダルムシュタット銀行が倒産しいよいよ経済恐慌が深刻さを増す中、ナチ党は党員数を、三一年中に四〇万人から八五万人へと倍増させた。また突撃隊の隊員も三一年中に七万七〇〇〇人から約三倍の二九万人へと急膨張している。ニュルンベルク市の突撃隊は一〇〇〇人を数えるようになっていた。

南部突撃隊指導者アウグスト・シュナイトフーバーは、国会選挙大勝利前後の突撃隊の指導者交代と党内の混乱に関説し、「今や腐敗したブルジョアの党流入という新たな大危機」に我々は直面していると警告していた。突撃隊が総統ヒトラーのみを忠誠の合い言葉にしているのに対して、党政治組織の連中が党大管区指導者を「神のように」あがめるのは「成り上がりたいという願望」に汲々《きゅうきゅう》だからであると難じた。そして、「破産したブルジョアの屍《しかばね》を背負い込むようなことがあってはならない。我々の未来は労働者と農民である」とし、「最も価値のある、最も活動的な、犠牲を最もいとわない党員のゆるみない団結体」であると自ら位置づける突撃隊については、選挙の補助部隊としてのみ酷使したことが、今回内部的にバラバラになった原因であると断じていた。「運動の政治的兵士」たる突撃隊は、「最後の切り札でなければならない」としていたのである。このシュナイトフーバーの覚え書き（Tyrell 1969）からは、党政治組織と突撃隊の紛争の主因が奈辺にあったのかが、十分窺い知れよう。

突撃隊員も党員も急速に増えていったものの、権力掌握がどのようにしていかなる戦略で可能になるか、党指導部にも明確になっていなかった。党宣伝指導者代理フランケによれば、一九三一年夏ことに突撃隊の間では権力の暴力的征服を望む声が強まり合法戦術に対する嫌気・不信が増大していた。「我々は必要な限りで合法的に進まねばならないが、もうこれ以上わずかでも待っている場合ではない」という隊員の言葉をフランケは書き記している（Longerich 1989）。

ニュルンベルクの突撃隊の組織内には三一年春に「赤の暴徒の惨虐かつ卑怯な戦術に対処する」名目で「突撃班フランケン」という特別組織がつくられていたが、三〇～四〇人の、軍事訓練を受けいつでも出動可能な人員から構成されたこの「エリート部隊」の機能は、突撃隊内の不穏な動きを制するという点にもあった。さらに突撃隊情報部が設けられ、さまざまなスパイ活動に従事するようになっていた点も注目される。一九三一年九月には社会民主党も、国旗団の中の若いアクティヴな団員を選りすぐって、突撃隊のテロに対して、より戦闘的効果的に対処できる防衛組織「防護部隊」を編成した。

ブラウンシュヴァイク邦の温泉療養地バート・ハルツブルクでは一〇月一一日再び「国民的反対派」の集結が見られたが、右翼統一戦線が形成されるにはいまだ「戦線」内部の調整がなされず、突撃隊の大部隊とヒトラーは今回早々と町を去って、一週間後デモの舞台をブラウンシュヴァイクに移したのであった。

暴力という名の宣伝

既述したように、やはりこの年もニュルンベルクで党大会を開けなかったので、一九三一年一〇月一七、一八日両日大デモを展開したブラウンシュヴァイク「中部ドイツ突撃隊集会」は、実質的な代替党大会であったと位置づけられよう。大会ですでに恒例化された松明《たいまつ》行列がここでも開会日の夜におこなわれ、翌日曜日には突撃隊・親衛隊の点呼、連隊旗聖祓礼に続き、ヒトラーの前で行進が整然とおこなわれた。だがこれらの行事からいったん外れると突撃隊の暴力はこれまでにない規模で展開された。

公衆に向けて組織の団結と力を誇示しながら、この褐色シャツの「政治的兵士」たちは、妥協することなく国家権力を征服せんとする不退転の決意をデモンストレートし、この意志は、制服・隊列・一糸乱れぬ行進の美学をもって表現された。しかもデモ行進にはらまれている暴力は、政治的敵を象徴的に脅すにとどまらずテロ行為となってその迫力の程を実証した。突撃隊は暴力の象徴的価値と実践とを結合することによって公衆に影響力・心理的衝撃を刻印しようとする政治的に新規の存在であることを示したといえよう。その意味においてナチスの決定的な宣伝手段になったのであった。

ヒトラーは、語られる言葉、発話、パロールとしての言葉をとびきりの宣伝メディアとみなしていたが、選挙演説で見られた彼の言葉のラディカリズムも、突撃隊が街頭闘争で用いる暴力を欠けばある意味では十全たりえないものであったといってもよい。「行為」があってはじめて次のような言葉もしかるべき強い調子で述べることができた。

我々は寛大ではない！　私はひとつの目標を設定してきた。すなわち三〇もある政党をドイツから叩き出すことである。……我々はひとつの目標を選び、それをファナティックに堅持する。容赦なく終生かわらず！　これら三〇の政党が生まれる前に存在したのはドイツ民族である。それらの後に残るのもまたドイツ民族である。我々がそうありたいとのぞむのは、わが職業代表でもわが階級代表でも身分代表でも宗教代表でも特定ラント代表でもない、我々はドイツ人をなかんずくすべての人間が次のように理解しなければならなくなるまで涵養《かんよう》するつもりだ。すなわち生は法なくして存在せず、法は権力なくして存在せず、権力は力なくして存在せず、力はすべて自民族に食い込んでいなければならない、

と（Zelhefer　1991）。

この民族に属する強力な国家への賛意表明は他民族に対してのみならず自民族に対して

も組織的暴力を投入する意志を要求していたのであった。

暴力空間の現出

一九三二年に入ると、街頭はしだいに準内戦の様相を呈し、左右のミリタントな政党はそれぞれ自己の隊列を組み、行進空間と戦術ゾーンの奪い合いを演じることで都市に一種の軍事的トポグラフィーを描き出すことになった。「街頭はとにかく現代の政治の特徴をあらわしている。街頭を支配しうる者は大衆をも征服しうる。したがって大衆を制する者が国家を征服するのだ」という党宣伝指導者ゲッベルスのあまりにも有名な言葉も、政治の「街頭化」が他ならぬナチスのイニシアティヴによることを物語っていた。国会への大量進出によって議会制を機能不全に陥れることに成功したナチスは、理性的議論を排した直截《ちょくせつ》の暴力によって今や公共の空間を覆いつつあった。

三二年二月二二日ヒトラーは、現職ヒンデンブルクの向こうを張って大統領選に打って出ることを表明、党選挙マシーンの始動によってナチのプロパガンダがドイツ全土を席巻した。バイエルンだけで八〇〇万のパンフレット、一二〇〇万の党新聞号外、一〇〇万の絵はがきがばらまかれた。ヒンデンブルクに投票すれば、将来報復を怖れねばならなくなるぞ、という脅迫を受けた、とあらゆる地域の公務員から訴えがあった。共和国内相への国旗団の報告にしたがえば、三月〜四月の選挙戦で九名の国旗団員が殺害され八一四名が負傷している。ニュルンベルクでも期間中大きな衝突が五回おきていた。

決戦投票でヒトラーを破って再任されたヒンデンブルク大統領は、四月一三日に突撃隊・親衛隊を禁止する緊急令を発しながら、六月一六日には新首相パーペンや軍の進言でこれを解除したため、七月国会選挙戦でのナチスと左翼の暴力的衝突はいよいよピークに達した。投票日前三週間の間にニュルンベルクでは衝突事件が少なくとも一八回生じた。七月一〇日には全国で一七名が死亡、七月一七日にはアルトナの労働者街への突撃隊の挑発デモをきっかけに双方で銃撃戦が展開され、一四名が死亡した。翌日さすがに野外集会・デモは全国ですべて禁止されることになったが、一ヵ月間の政治的衝突で命を落とした者は実に九九名にのぼった。ナチ党の側でも、三二年一月から八月までの八ヵ月間に落命した者は七〇名を数えた。

七月三一日の国会選挙では一八・二％から三七・三％と前回の倍を凌《しの》ぐ得票率と議席（二三〇）をナチ党は獲得し、国会最大の政党になった。共和国の非正統化は加速された。共和国初期とは異なって、デモクラシーの制度的権威の前提ともいうべき憲法への国民の圧倒的支持はもはや調達されえなかったのであった。

三二年八月には、国民の雰囲気の不吉な変化の兆候を示す象徴的な事件が起きている（Niethammer 1990）。オーバーシュレージエンの小村ポテンパで八月九／一〇日の深夜、五人の酔っぱらったナチ突撃隊隊員が、ひとりの共産党シンパのポーランド系失業青年労働者を殴り続け母親の眼前でなぶり殺しにする罪をおかした。事件は二重の意味で大衆の関心を惹《ひ》く裁き（コーズ・セレーブル）に導いた。ひとつは、政敵に対する虐殺に対しては、特別裁判所で迅速な判決（最高刑は死刑）を出すという新しい反テロ法が八月に成立していたが、この犯人たちのおかした重大な犯罪が最初の適用対象になったことである。いまひとつは、当時ドイツ最大の政党の指導者、またドイツ国民の中間層の最大の支持を集めているリーダーが、突撃隊司令官として、この忌まわしい犯罪をおかした犯人たちに、公然、共感と連帯の意志表明をおこなったことであった。

ボイテンでの特別裁判では八月二二日に死刑判決が五名の被告全員に言い渡されたが、政財界にさまざまなコンタクトも持つナチ党の有名な党員で、七月の国会選挙大勝利以後国会議長の要職を務めていたゲーリングは、判決後ただちに被告たちに対し、「諸君に下された判決には満身の憤激と怒りを込めつつ、今からただちに我々の全闘争を諸君の解放に向けることを約束する。諸君は殺人者ではない。我らの戦友の命と名誉を守ったのである……」との電報を送って励ました。ヒトラーも「わが同志たちへ。この途方もない、血の煮えくり返る判決に直面し、諸君と限りない誠実関係に結ばれていることを感じている。諸君の解放は、今このときから我々の名誉の問題になったのであり、こんな馬鹿な判決を可能にした政府に対する闘争は我々の義務なのだ」(Niethammer 1990）と激励した。政治的判断から結局共和国首相パーペンは、法相のギュルトナー（ヒトラーのミュンヒェン一揆裁判にも関わった人物、四八頁既述）の進言を入れて被告たちの判決を無期懲役に減じた。

同年一一月七日の国会選挙においては、ナチスがその後見せた革命的ポーズに警戒感を募らせた経済界や市民の党支持者たちをして「懲らしめ」的意味合いの強い投票行動をとらせることになり、得票率は大幅に減じて三三％に下降したが、それでもなお一一〇〇万人を超える人たちが、このような残虐な犯罪をおかした突撃隊員を抱え彼らをあくまで擁護する指導者を頂点にもつ政党への支持をあいかわらず変えなかったのである。下獄した被告たちは、ヒトラー政権が成立し、敵対政党わけても左翼政党の一掃が進行しつつあった翌年春には特赦をもって釈放されたのであった。

シュテークマン危機とレーム事件

苦しい政権への道

ナチの「権力掌握」直前の歴史は、党が後に描いたような勝利の連続の歴史ではなく、むしろ激しい組織的危機と今にも爆発しそうな党員隊員の鬱憤を内包し党指導部にとっては安閑としてはいられないムードの連続であったといっても過言ではない。いま一度、一九三二年春の大統領選挙に戻れば、一八〇〇万票を超えた、大連合的な（社会民主党を含む）現職ヒンデンブルク支持票に対し、ヒトラー支持票は約一一〇〇万票と第一回の選挙ですでに大きく水をあけられる結果となった。これはヒトラー信奉者たちのこれまでの楽観的展望をまさに覆すものであった。雷で打たれたような深いショックと沈滞気分が広がったといってよい。「一揆」の噂がささやかれ、ゲッベルスも「とにかく党は権力を握る必要がある。さもなければ今後選挙で勝っていってももう組織がもたない」(『日記』一九三二年四月二三日の記述。Fröhlich 1987)と漏らしているように、議会選挙によってナチ党は政権につけるのか、ヒトラーの取ってきた合法戦術が最終的にはたして成功できるのか、という疑念がますます強まっていった。たしかに一九三二年七月三一日の国会選挙でナチ党が三七%を超える得票率を獲得したことは、ドイツ国会選挙史上、ヴァイマルにおける一九一九年の憲法制定国民議会選挙で例外的に社会民主党が三七%を超える得票率を得ていらい、それに次ぐ快挙だったとはいえ、絶対多数にはまだ程遠く、これが自由な選挙におけるナチスの極大点であった。しかも今度も政権はとれなかったのである。翌八月一日にはケーニヒスベルクで突撃隊による爆弾テロや政敵の殺害事件が発生し、続く数日間に東プロイセン全体に殺人やユダヤ人商店襲撃を含むテロの波が広がった。八月二日にはシュレージエンでも突撃隊が社会民主党や共産党の建物に爆弾を投げたり放火をおこなったりする事件が頻発した。すでに述べたポテンパ事件も、いくらがんばっても政権に手が届かない突撃隊員の苛立《いらだ》ちが募っていた雰囲気の中でおこったという面が強かった。ヒトラーをはじめ党指導部が、犠牲者に対する突撃隊の、眼をそむけたくなるような残虐行為を公然と追認したのも、なりふり構っていられない党内事情が存在したからにほかならない。

ところが八月一三日のヒンデンブルク大統領との政権交渉も、党入閣の餌が与えられながらヒトラーがあくまで首相のポストを要求したために挫折した。ゲッベルスはその日の日記に、突撃隊の指導部の立場がおびやかされているとして、「部隊組織の維持が可能とはもはや誰も思っていない。勝利を確信した部隊に向かって『勝利のチャンスはもはや手からすり抜けてしまった』と告げねばならない部隊指揮官ほどに困難な立場の者がいるだろうか」と記している。こうした状況下、突撃隊幕僚長レームは、「赤色戦線および反動勢力に射殺された戦友たちよ」と、ホルスト・ヴェッセル・リートの歌詞の一節をそのまとったタイトル論説を党機関紙『フェルキシャー・ベオーバハター』に載せて隊員たちに以下のように呼びかけた。

「ナチズム運動はその根源と目標に従えばひとつの革命運動である。本質・内容に即せばむしろ国家の根本的な新編成をめざし、廃れくたびれ果てた国家を新しい国家に取り替えるものである。これこそは革命であり、この革命思想の担い手は突撃隊を措《お》いて他にありえない」（一九三二年八月一七日）と。このレームの呼びかけも、権力掌握後には根本的に情勢も変わるからとにかく今は隠忍自重してくれと宥《なだ》めるしかないかのような響きをもっていた。

党と突撃隊の対立

九月半ばに国会は再度解散されたが、党指導部の中にも、今回は、これだけ失望落胆している党員隊員大衆を活性化し勝利へ向けてもう一度プログラム化できるとは思っていない者が増えつつあったといえよう。突撃隊の隊員数は今や減少に転じつつあった。一九三二年初めには二九万人を数えた隊員は六月には三九万七〇〇〇人、そして失業者もなお増大していたのであるが、突撃隊の隊員は八月には四五万五〇〇〇人に膨れ上がっていた。ところが九月には四四万六〇〇〇人、一〇月には四三万五〇〇〇人、一一月には四三万二〇〇〇人、そして一二月には四三万二〇〇〇人とまったく隊員数の伸びは停滞してしまったのである。

指導部が九月末におこなった、各突撃隊管区の雰囲気に関する調査も、当時の突撃隊隊員のフラストレーションを映し出していた。突撃隊の組織財政の事情も逼迫していることがここではかなり訴えられているが、それと並行して、権力掌握がほんのそこまで来ていると思いこんでいただけに失望も限りなく深いという声が圧倒的に多かったのであった。この失望のあとに出てきたのは、一方で途方に暮れた絶望感と麻痺感覚であり、他方ではやはり苛立ちであったが、それは党政治指導部、またこの頃からライバルとして強く意識されるようになった親衛隊に、向けられないではいなかった。九月におこなわれた突撃隊中央学校教程における親衛隊の引き抜き宣伝は突撃隊をいたく刺激していたし、突撃隊の一揆が囁かれる一方、党指導部の中には突撃隊幕僚長レーム殺害を計画している者がいるという噂も密かに流れていたのであった（Longerich 1989）。

フランケン地方の突撃隊についても、ここ数年ではじめて入隊申請が著しく減少し、しかも突撃隊をやめて共産党に移ろうとする隊員が増えていることが確認されつつあった。ニュルンベルクを中心とする中部フランケンの組織では特に財政悪化が酷く、それはパーペンとのヒトラーの政権交渉失敗とあわせて、突撃隊の空気鬱屈の重大な要因と認識された。加えて、元将校たちに対するシュトライヒャーの反感が突撃隊リーダーたちと党大管区指導部との協調を困難にしているという、この地域特有の事情の指摘も報告には含まれていた。

当時の『ターゲスポスト』紙の伝えるところによれば、突撃隊用の大切な資金が、ほとんど破綻に瀕《ひん》したニュルンベルクの党ヒトラー・ハウスに注ぎ込まれたために、突撃隊隊員の給養が悪化し、この党の建物を警備している隊員も出される食べ物の酷さに不満をあらわにしていたが、他方シュトライヒャーは突撃隊の解雇を口にし、ナチ党の一般党員をかわりに当てると恫喝《どうかつ》をかけていた。シュトライヒャーの言い分では、この地の突撃隊で信頼しうる者は三割しかいないということになり、『ターゲスポスト』紙も実際にニュルンベルクの隊員の五分の一以上がすでに排除されたと伝えていた。一〇月末にはニュルンベルク警察も、これを事実として確認しながら、隊の規律が壊乱状況にあり突撃隊の反乱が間近である、とする『ターゲスポスト』紙の指摘の方は否定していたものの、党政治組織と突撃隊の間に重大な対立が生じていることは認めていた（Reiche 1986）。

ヴィルヘルム・シュテークマン

一一月の国会選挙で党は全国で得票率を四・二％下げることになったが、中部フランケンでも四七・七％から五・四％減らし、全国平均よりも前回をさらに下回る結果となった。共産党の方は、第一党の地位を獲得した「赤い」ベルリンほど際立っていなかったものの、ニュルンベルクでも前回の一二・六％から一五・二％へ得票率を二・六ポイント上げていた。フランケンの突撃隊の間には不穏な空気がすでに充満していたのであったが、選挙後ほどなくしてニュルンベルク市内では突撃隊とシュトライヒャー・グループとの間で小競り合いが始まりやがて全面的な衝突にいたったのである。

一二月三日アンスバハでのフランケン突撃隊の集会において、シュトライヒャーが党資金中の突撃隊取り分をきちんと支給していない点について非難されたように、反乱の直接の引き金になったのは、カネの問題であった。シュトライヒャーがそれまで突撃隊を嫌っていたのは周知であり、彼個人の特に傲慢尊大で腐敗したリーダーシップのありようがこの突撃隊反乱に責めを負っていたことは間違いない。この反乱を主導していくことになるヴィルヘルム・シュテークマンはどのような人物だったのであろうか（シュテークマンについては NSDAP Hauptarchiv にまとまったファイルがある）。

一八九九年生まれのシュテークマンは、貧しい寒村出のシュトライヒャーとはまるで対照的な社会的出自を有していた。父親はミュンヒェンの高級郵政官であった。私たちがここで直ちに連想するのは、ハプスブルク帝国のたたき上げの税官吏であったヒトラーの父親よりも、むしろバイエルンのヴィッテルスバハ王朝に長らく仕えた高級国鉄マンであったレームの父親の方であろう。しかも、バイエルンでは現在でも政治家の別荘が建ち並ぶミュンヒェンのシュタルンベルガー・ゼー湖畔にも当時一等地をシュテークマンの父親は所有していた。

第一次世界大戦では一九一七年に一八歳で歩兵連隊に入隊、第一級鉄十字章も得て少尉のランクで終戦を迎えた息子のヴィルヘルムは、大戦前七年間を同じギムナージウムで過ごしたヒムラー同様、大戦後は反革命義勇軍に加わり、エップの知己を得てミュンヒェン、さらにルールへと転戦している。一九二一年にナチ党に入党、ヒムラーも学んだ同じ農学部を出た後農政官となり、ローテンブルク近郊のホーエンローエ公領の管理官となったシリングフュルストの地で一九二七年に突撃隊指導者となっている。一九二九年には中部フランケンの突撃隊を指揮、一九三二年七月以降は全フランケンの突撃隊を率いていた。その間、一九三〇年には、すでに述べた九月の国会選挙で、突撃隊から例外的に立候補して当選し、隊の中では数少ない鉄道パスをもった国会議員として活動していたのであるが、むしろつねに将校の雰囲気を漂わせ、また反革命義勇軍に参加した経験からも議会政治には嫌悪感をもっていた。キャラクターもシュトライヒャーとは肌の合わない、慎ましい理論家タイプで、いくらか決断力に欠けるところもあったというのが上司のシュテークマン評であった。まっすぐで誠実、ややナイーヴなイデアリストという別の人物評価もある。ニュルンベルクの突撃隊史に詳しい米歴史家ライヒェは、生涯を通じて見せた躊躇と行動主義、理想主義とラディカリズムのミックスを、自らが主導した一九三二～三三年の反乱においても遺憾なく示したが、この人物のいまひとつの顔はファナティシズム、熱狂的性格である、という興味深い指摘をおこなっている（Reiche 1986）。ヒトラーの合法戦術に対する不満についてはためらわず表明するというラディカルな面は、バイエルン政府への人物報告の中でも指摘されており、党のボスたちを粛清することも必要だとしばしば述べ、実際《プラグマティック》的な社会主義を主張したという。

シュテークマンとシュトライヒャー

すでにシュトライヒャーとの対立は、夏の選挙闘争で集会を通して集めた資金をシュトライヒャー側がアンスバハ管区にきちんと渡さなかったことに端を発してあらわになっていたが、逆にシュトライヒャーの方がミュンヒェンの突撃隊最高司令部に訴え出た。一二月三日のアンスバハ集会から五日後に、レームは中部フランケン隊組織をシュテークマンの指揮から外し第四管区インゴルシュタットに暫定的に預ける措置をとった。何度かの仲裁がこころみられ、一二月二〇日にはヒトラーがシュテークマンの要請を受けて彼と会っている。シュテークマンによれば、ヒトラーはこの時、君の方がシュトライヒャーより若いのだから今回は折れてくれと懇願したという。シュトライヒャーの機関紙『シュテュルマー』によれば、さらにヒトラーは党に有害な目的のために突撃隊をこれ以上利用するのはやめるよう、また行き違いが解消するまで全フランケンの突撃隊指揮から離れるようにとシュテークマンに伝え、シュテークマンもこれらを了承し握手で会見を終えたという。一二月二三日にはシュテークマンは突撃隊そのものから退く辞表をレームに提出、レームがこの受け取りを拒否しているところから、なお突撃隊幕僚長は紛争が平和裡に解決できることを希望していた様子がうかがわれよう。一九三二年末の大晦日ニュルンベルクの有名なホテル「ドイチャー・ホーフ（ドイツ宮）」でシュテークマンとシュトライヒャーの会談がおこなわれ、いったんはこれでおさまったかにみえたのであった。だが、シュトライヒャーは、「シュテークマンが今後自分にはたてつかず、政治そのものから引き下がると漏らした」としているのに対して、シュテークマンの方は、「シュトライヒャーがミュンヒェンに送った報告に行き違いの発端があったのであり、しかも自分が突撃隊の資金を着服したという虚偽の報告に原因があったことを確認した。シュトライヒャーは自分に対する告発を取り消し、フランケン突撃隊の指揮をとってほしいと言った」と述べているように、両者の後の言い分はまったく食い違っており、会談の中身もはっきりしていないのである。はたして、一〇日も経たないうちに闘争は再燃した。党財政部長シュヴァルツは、フランケン突撃隊の絶望的な台所事情を緩和させるべく三〇〇〇マルクを一一月に特別補助したとしていたが、それをシュテークマンは自分の借金埋め合わせに流用したのだ、という非難の声をシュトライヒャー・サイドのホルツ（一六六頁以下詳述）が上げ、しかも今回は中部フランケン突撃隊のトップであるラッコブラントが、一一月に降りたはずの補助金を自分たちは一銭も受け取っていない、と言い立てた。今度はシュテークマンの対応もはやく、翌三三年一月一〇日ラッコブラントに停職を命じ、突撃隊のニュルンベルク本営を占拠、ラッコブラントの方はミュンヒェンに直訴し、レームの代理ヒューンラインはフランケン約二万人の突撃隊の解散を命じた。シュテークマンは一月一一日には、この地域の突撃隊員にニュルンベルク結集を呼びかけた。プレス・リリースの中で彼は、今回の行動は抗命でも反乱でもなく、ただ不服従の部下であるラッコブラントやその仲間連中に対するものであり、しかもこれら指揮官たちは自己の単位部隊からほとんど支持されていない、ヒトラーに対する私の忠誠は毫《ごう》も揺るぎないものである、と述べていた。

シュテークマンの敗北

当初シュテークマンはフランケン各地の突撃隊サブリーダーからかなりの支持を得ていたようである。彼の要請に応えてニュルンベルクに集まった支持者たちも、これはヒトラーに対する反乱ではないということを強調する一方、フランケンの党大管区指導部に対しては断固闘うとし、全フランケンの突撃隊がシュテークマンを支持すると意思表明した。ニュルンベルクの突撃隊の自動車部隊を中心にシュトライヒャー派もわずかながら存在したが、シュトライヒャーから金を渡されていたヴルツバハー指揮下のこの「傭兵」部隊は約一〇〇名で、フランケン突撃隊の中では少数派であった。党本部は、今回の事件が、些細《ささい》な一地方のトラブルにすぎないと躍起になって説明したが、中央の政権交渉でそれどころではなかったはずのヒトラーが重大な関心を示した反応は、事件が党にとってただならぬ事態になりつつあったことを物語るものであった。

三三年一月一三日にシュテークマンが解任命令を拒否したことを知るやヒトラーは直接介入した。電報で彼は、シュテークマンが再度党規をおかしたことを非難し、レームの命令を再確認して、突撃隊准将としてのシュテークマンの位階剝奪の罰を下すとしていたが、同時にリッペで会いたいとも呼びかけた。ヒトラーもレームも、シュトライヒャーを支持し続ければフランケンの隊員党員大衆を一挙に失うおそれがあることを憂慮しなければならなくなっていた。一月一四日にシュテークマンの支持者たちは、「たとえフランケン大管区一万人の党員隊員の我々全員が放逐されても、次の選挙ではなお一丸となってヒトラー総統に投票します」という声明を出していたが、同時に声明は「総統がシュトライヒャーと党フランケン大管区指導部をバックアップし続けられるならば、中部フランケンにおける党の持続的衰退の責任を負うことになるのは総統です」とも述べていたのである。

一月一四日のヒトラーとシュテークマンの会談では、シュテークマンが、ニュルンベルクの突撃隊本部を占拠しヒトラー・ハウスに攻勢をかけた自らの責任を認め、国会議員としての自らの去就についてもヒトラーにゆだねることを約束したという。翌日グロスロイトの突撃隊部隊を前にした演説で、シュテークマンはこれ以上の反抗をやめようと訴えた。当時の一般の受け取りようでは、これが事実上の反乱の終わりとみなされたし、一月一六日の『ターゲスポスト』紙も、これをシュトライヒャーが勝ったしるしとみなしたのであった。たしかにシュテークマンがヒトラーに従った時点がターニング・ポイントであったといえよう。

ところが、ヒトラーが一四日の会談でシュテークマンに、彼の名誉を傷つけるような誹謗中傷から護ると言明したにもかかわらず、シュテークマンに対する攻撃はやまなかった。一月一七日には部下の突撃隊の指揮官たちが「フライコーア・フランケン（フランケン義勇軍）」という新組織の結成を宣言するにいたった。これに呼応するかのようにすでに党から離れていたグループが各地で「ルール義勇軍」や「オーバーライン義勇軍」等の名乗りをあげるにいたった。ニュルンベルクの突撃隊隊員の八割はシュテークマンを支持していたといわれるし、一月中旬はまだシリングフュルストの党組織もアンスバハの党員大衆も、党からの除籍を帰結するぞというシュトライヒャーの恫喝《どうかつ》に対しても屈せず、反シュトライヒャー集会に参加していたが、シュテークマンが新しい「フランケン義勇軍」の指揮を引き受けたときから風向きは変わり始めた。一月一五日のリッペ州選挙において三九・六％の得票率を獲得したナチ党は、党勢が盛り返し再び上昇に向かいつつあるという印象を公衆の間につくり出すことができたといってよかった。ヒトラーにとってもこの選挙勝利がどれほど大きな心理効果をもたらしたかは、シュテークマンに対してもはや譲歩しないという態度硬化となって現れたところにもうかがわれる。シュテークマンは、結局ナチ党フランケン大管区のボス支配も腐敗もヒトラーが党を組織しているあり方と、また党があらわしている目標と切り離しえないということを理解していなかった。重要なポイントはフランケン地方の党員大衆の動向であったが、シュテークマンが党員大衆からも得ていた支持の波は微妙に退《ひ》き始めた。そして決定的だったのは、三三年一月末にヒトラーがヒンデンブルク大統領によって首相に指名されたことであった。それは、党の合法戦術に対して爆発の瀬戸際まで来ていた突撃隊の不満という、シュテークマンにとっての最も有効な武器をも、使いものにならなくさせたのであった。

ヒトラー内閣の成立

組閣段階から国会解散をとなえていたヒトラーは、あらたな選挙がナチ党の基盤をさらにひろげるものと期待し、二月一日の閣議で総選挙（三月五日）の告示を決定した。シュテークマンにはバイエルン人民党や共産党から早速立候補の誘いがあったが、断っている。シュトライヒャーとの闘争をなお二月中も続けながら、シュテークマンと「義勇軍」はヒトラー支持をおろすことができなかった。自由な選挙とはとてもいえなかった三月五日の国会選挙で、ナチ党は、政権党という利点も最大限利用して前回の一一七四万票から一七二八万票へと五五〇万票ほど獲得票を伸ばしたが、その余勢を駆って当日から、ナチ党政権掌握末了の州に対する本格的な攻撃を開始し、それぞれの地方の突撃隊・親衛隊による「下から」のテロと、中央政府による「上から」の国家全権委員任命とをかみあわせたクーデター方式で、各州政府の強制的ナチ化（グライヒシャルトゥング）を敢行した。三月九日にはバイエルン政府がナチスの手におちたが、新政権は三月一三日に早速、共和国国旗団、鋼鉄戦線、社会主義労働者青年団に解散命令を発し、同日これら左翼組織とともにフランケン義勇軍も解散の憂き目をみることになった。一月二四日「義勇軍」は最初の集会をニュルンベルクのヘラクレス・ホールで開いたが、結果的にはこれが、二ヵ月もちこたえられなかった組織の運命にとって最初で最後の全体会になったのであった。「我々がもう一度必要とされる時がきっと来る。その時には私も諸君と再び手を携えてやってこよう」というのが、解散に際してのシュテークマンの言葉であった（Hambrecht 1976）。

二〇〇〇人とも三〇〇〇人ともいわれる「フランケン義勇軍」のメンバーの約七割がその後ナチスに復帰したと指摘されるが、シュトライヒャーがこの人びとの特赦に同意したのは四年後の一九三七年のことであった。シュテークマンは三三年三月二六日に最初の身柄拘束を経験する羽目になり、その後もシュトライヒャー非難を繰り返し何度も逮捕されている。しかし、シュトライヒャーと対立していた親衛隊の全国指導者ヒムラーとは知己であり、またバイエルン国家全権委員、続いて国家総督をつとめたエップ将軍の配慮もあって、長期拘留されることはまずなかった。『シュテュルマー』紙からは攻撃され続けたため、シュテークマンが留まる限り騒ぎは続くと憂慮したバイエルン首相ズィーベルトは、三三年八月フランケン退去を彼に勧告し、彼もこれに従った。シュテークマンはその後武装親衛隊に入り、第二次世界大戦末期の一九四四年末に戦死している（BDC Personalakten）。

彼の「反乱」にはどのような全体的評価が可能であろうか。ニュルンベルクのナチ系日刊紙『フレンキシェ・ターゲスツァイトゥング』は、ヒトラー政権掌握一周年の一九三四年記念特集号を「ニュルンベルクにおけるナチ革命」という見出しで組んで、一年前の一月をフランケンのナチズム運動にとって最も困難な時期であったと総括している。一年経過してようやくこのように振り返ることができたわけで、反乱の真っ直中ではとてもこのような余裕はなかった。当時この事件に注目した外国紙の中には、ナチの牙城としてのニュルンベルクが陥落しそうになっているという報道も見られたほどで、ヒトラーがもし三三年一月三〇日に首相にならなかったとしたら、シュテークマンがフランケン外のグループとのコンタクト次第では、突撃隊によるより広範な、あるいはもっと強く表現すれば、より普遍的全体的全国的な、反乱を招来しかねなかったであろう、とした（Hambrecht 1976）。いずれにしてもシュテークマンの反乱は、ナチズム運動内部の不満が突出した重大なケースのひとつだったのであり、けっして孤立した事件ではなかった点に注意する必要があろう。

シュテークマン危機の意味

警察の当時の報告で注目されるのは、ナチ党および突撃隊から大量の党員隊員を離脱させて共産党支持へ赴かせかねない危険を反乱が内包しているという点を強調し続けていることである。シュトライヒャーに対する闘争を開始すると同時に、共産党と協働しているという非難を浴びたシュテークマンは、こうした非難を一蹴している。ただ、反シュトライヒャーという点で彼を支えた諸潮流の中に「革命的解放戦士」と「ナチ・シュピーゲル」という二つのグループが存在し、前者が、一九三〇年の国防軍ナチ細胞形成をめぐる反逆罪裁判後共産党に走った将校シェリンガーをシュテークマンと並べて称揚していた事実があり、他方後者がシュテークマン以上に激しくシュトライヒャーを攻撃し、さらにヒトラーからさえ離反すべきだと突撃隊に訴えていることもたしかなのである（Reiche 1986)。シュテークマンはとてもそこまでは行けなかったといってよい。ニュルンベルク・ナチ党指導部の腐敗に怒りながら、この指導部が得票マシーンとして機能し続けているかぎりヒトラーがこの政治的腐敗を終わらせるつもりのないことをシュテークマンはまるで理解していなかった、といわざるをえない。反革命義勇軍の体験が大きかったシュテークマンにとって、突撃隊は軍事組織であり、党指導部の政治的道具ではなく、党の政策に対してむしろ指令すべき存在でなければならなかった。突撃隊の隊員が共産党に移行する危険がリアルなものとして感じられつつあったまさにその時に結局新組織「フランケン義勇軍」の指揮を引き受けたのも、かつての反革命義勇軍体験から離れられなかったことの証左であった。棚からぼた餅といってもいいほどにまさに転がり込んできた、ヒトラーの首相就任によって証明されたのは、フューラー（総統）に代表されたナチ党の合法戦術が、こうなってみれば大成功であったことである。シュテークマン反乱を機に、党を自ら出たあるいは党から除籍された突撃隊員のうち最も多かったのは労働者層であった。またシュトライヒャーに対する憤り、党のコースに対する不満の最も強かったのも労働者層であった、と考えられるが、このような党員大衆、兵士隊員が寄せた期待に反し、シュテークマンが最後の最後になって遅蒔《おそま》きながら見せた決断的態度は、時機を逸した反応という他なかった。

強制的ナチ化

ヒトラー政権掌握翌日の一九三三年一月三一日にはニュルンベルクのナチ党も祝賀大集会を開き、目抜き通りのケーニヒ・シュトラーセのユダヤ商店の窓や、『ターゲスポスト』社の社屋の窓を叩き割る狼藉《ろうぜき》をさっそく働く突撃隊員も出た。二月七日には社会民主党を中心に鋼鉄戦線が市内各地で集会を開き、一二日にはマルクト広場で六〇〇〇名の支持者大衆に見守られるなか二〇〇〇名の隊員のデモをおこなったが、二月二二日には全国的に突撃隊・親衛隊が補助警察として大量採用され、共和国の正統性を破壊した暴力そのものの「体制化」が進行していった。

二月二七日、共産党委員長テールマンは公開書簡で、社会民主党、ドイツ労働総同盟、キリスト教労働組合の労働者たちに「反ファシズム闘争同盟」の結成を呼びかけた。この日の夜、国会議事堂が炎上した。オランダ人労働者ヴァン・デア・リュッベが現場で発見され、放火の現行犯で逮捕された。当時二四歳のこの青年の単独犯行だったのか、それともナチスによる謀略だったのかは、今日なお争われているが、議会制の末路を象徴化しようとしたかのようなこの事件を、政府は共産党による組織的な犯行とたちまち断定し、全国的蜂起の狼煙《のろし》だったとして、機会を逃さず共産党員の一斉検挙に踏み切った。

事件の翌日には「国民と国家を防衛するための大統領緊急令」が発せられ、「国家を危《き》殆《たい》に瀕《ひん》せしめる共産党の暴力行為から」国家と国民を守るという名の下にヴァイマル憲法の基本権にかかわる条項（人身の自由、住居不可侵、信書の秘密、言論の自由、集会の自由、結社の自由、所有権の保障など）が停止される事態のなか、ニュルンベルクにおいても『ターゲスポスト』紙の発行が禁止されるにいたり、社会民主党も守勢一方に追い込まれていった。三月五日の国会選挙後は雪崩《なだれ》を打つように、各地域でまた社会の各領域で強制的ナチ化（グライヒシャルトゥング）が展開され、突撃隊のテロによるプロレタリア闘争諸団体の解体を手始めとして一党制国家の構築が強行されていった。

三月五日以後、ナチ党政権掌握未完了の州に対する攻撃、中央政府の介入を正当化させたのは、やはりすでに述べた二月二八日発令大統領緊急令であった。しかし、言論の自由、集会の自由、人身の自由等を封殺していった基本権停止を第一条としていたこの緊急令の第二条には「ひとつの州において、公共の安全と秩序を回復するために必要な措置が講じられない場合には、中央政府はその限りで当該の最高官庁の権限を一時的に執行することができる」という規定があり、この規定の適用は内相フリック（ナチ党）の判断にゆだねられていたために州に対する中央からの強制執行が可能になっていったのであった（木村編　一九九七）。三月九日にバイエルン州では国家全権委員に任ぜられたエップ将軍が、これまでの州政府内閣のメンバーの激しい抗議を斥け、レームやヒムラー、ハンス・フランクなどを新政府の枢要なポストに据えていった。ニュル

リーベル
第三帝国期ニュルンベルク市長

ンベルクでも三月九日、ナチスはルッペ市長を市内ひきまわしの形で辱め（ルッペはその二日後辞任）、得意満面のシュトライヒャーは、「総統にニュルンベルクはあなたのものですと申し上げられる日を私はこれまでつねに切望してきたが、その日がとうとう到来した。この僥倖《ぎょうこう》に私は満ち足りている」と豪語し、旧市街を見下ろせるブルク（城砦《じょうさい》）の頂きにハーケンクロイツ旗を掲げさせた。一六日にはリーベルが暫定市長代理に任命され、翌月正式に市長に就任している。

警察にも大きな異動がおこった。市長ルッペと緊張関係にありながらもヴァイマル共和国期の大部分の期間ニュルンベルク警察を支配したガーライスは、「旧体制」派として三月半ば退かざるをえなかったが、ミュンヒェンに移りバイエルン州の内務次官におさまることができた。ヒムラーは四月に親衛隊将校のエラスムス・フォン・マルゼン＝ポニカウをかわりに選んだが、結果的にこの人事は失敗で、マルゼンはシュトライヒャーと摩擦をひきおこし、ニュルンベルク市は九月一日、同じ年に三人目の警察責任者としてハンス・ギュンター・フォン・オーバーニッツを迎えることになった。

余計なもの

オーバーニッツは、一八九九年デュッセルドルフ生まれ、第一次大戦中の一九一六年にアビトゥーア（ギムナジウムの卒業資格）取得の後は前線勤務し戦後農業経済学を学んだ後、二二年から二四年までエアハルト旅団機関銃中隊の指揮官をつとめ、二九年に突撃隊に入り、ミュンヒェン、シュレージエンの突撃隊を指導した後、三三年三月からシュテークマンの後を襲ってフランケンの突撃隊を指揮していた人物で、同年四月初めミュンヒェンの警視総監に就任していた知己の突撃隊大将シュナイトフーバーの肝いりでニュルンベルクの警察責任者（警視総監相当警察委員）に任ぜられたのであった。すでにニュルンベルクでも、警察が左翼わけても共産党員を逮捕すればその身柄を突撃隊にひきわたして、取り調べは突撃隊がとりおこなうという分業体制ができあがっており、突撃隊が営舎とした市の城砦は、「共産主義活動の嫌疑で拘束された者については肉体的強制によって自白させる」のが当然とされたため拷問犠牲者たちの阿鼻叫喚《あびきょうかん》の場所になっていた。こうしたなかで共産党員のオスカー・コンラート・プフラウマーが取調中に虐殺される事件が発生したが、オーバーニッツが殺害に関与した者たちの取り調べを拒否したため、当時突撃隊の暴力掣肘《せいちゅう》に関心をもつバイエルン州法務省が介入したものの、結局裁判はとりおこなわれなかった。ポテンパの被告たち（七七頁既述）が晴れて刑免除となったのに、ナチスの政権誕生後なぜ今回の事件がセンセーションをひきおこさないといけないのか、というオーバーニッツのロジックがこの時点ではまかり通ったのであった。

突撃隊の機能も変質しつつあった。ナチ党が大衆運動として台頭してくる局面では、マルクス主義に対する街頭闘争が市民的怯懦《きょうだ》を克服打破し、権威主義エリートたちの支持・共感も得られるという意味での公論獲得のための重要な媒介となっていた。だが、国内の「敵」が除去されるか少なくとも姿を消さねばならなくなった時、暴力は、わけてもヒトラーと伝統的エリートたちの同盟にとって余計なものになってきていた。左翼に対する度を超えた残虐な取り扱いという形で突撃隊の暴力の恣意性が際立ってくるなかで、三三年六月すでにプロイセンの政治警察（秘密国家警察）から突撃隊は排除された。ヒトラーはかつてニュルンベルクの突撃隊に対しても「諸君の苦しみと犠牲こそは、いったん政権掌握のあかつきには復讐を実行する権利を諸君にあたえているのだ」と約束し、また三三年五月にも「一一月の犯罪者の潜伏場所を最後の最後まで追及せよ」「この毒をわが民族体から徹底して遠ざけよ」と厳命しながら、翌月には「革命終了」宣言を発したのである。

突撃隊の一般隊員の間では「反動」に対する非難のトーンが強められるとともに、闘争期の努力と犠牲に対する見返り要求の声もオクターヴを高めつつあった。一九二九年には一一名、一九三〇年には一七名、三一年には四三名、三二年には八七名と鰻のぼりに「戦死者」が増大し、共和国期全体を通じても約二〇〇名の死者と二万名の負傷者が出ていたのであった（『ヒトラー伝』で知られるコンラート・ハイデンは、ヒトラーの政権掌握後三三年八月下旬までの政治的死者の数を二二〇名〈ナチの「政敵」一九六名、ナチ側二四名〉と見積もっているが、左翼の方はこれ以外に三三年三・四月プロイセンの強制収容所だけで二五〇名が、一〇月半ばまでにさらに二〇〇名が殺害された、としている）。少なくとも国防勢力の重要な翼をになない、第三帝国の軍の構築に対する突撃隊の割り前を、ヒトラーから委任の形でかちとれるものと突撃隊は思い込んでいた。

一九三三年の党大会における突撃隊のパレードは、レームによれば、「突撃隊の権力の誇り高い表現」になったのであり、ニュルンベルク市中央広場でのオープンカーの座席には、突撃隊司令官ヒトラーに幕僚長レームが遜色なくともに並び立って閲兵をおこなったことも、きわめて象徴的であった。しかし三三年末に開かれた国防軍の秘密会議では軍の武装独占と、再軍備からの突撃隊の排除が確認された。

ヒトラーは四年ぶりに開いたこの第五回党大会を「勝利の党大会」と銘打ち、八月三〇日の開会にあたっては「我らが党大会は今後永遠にニュルンベルクでとりおこなう」と宣

ヒトラーとレーム（1933年）

言した。党と国民大衆をつなぐシンボルとして、中央広場で「閲兵」をおこなう総統ヒトラーに対して各地方部隊の行進隊列からあるいはまた一般観衆から花を投げるというそれまでの習慣は、花にまじえて万一手榴弾《てりゆうだん》でも投げられては、という危惧から、この党大会以降中止された。

翌一九三四年九月の第六回「統一と力の党大会」は、その二ヵ月前の六月三〇日の事態、いわゆる「レーム事件」の刻印を否が応でも帯びることになった。この突撃隊幹部粛清事件の前史そのものは、正規軍として武装独占の特権を維持しようとした国防軍と、この体制を打破し自らの組織を「国民軍」に昇格させようと図った突撃隊との対立によって本質的に特徴づけられる。両者の対立がしだいに尖鋭化していたことと相まって、さらに「一層の革命」「第二の革命」を唱えた突撃隊をとりまく状況が、多くの点でヒトラーおよびナチ党幹部と伝統的エリートたちとの同盟関係を脅かしていたことも特徴的な事実であった。

一九三四年六月三〇日早朝、レームらに一揆の企てありとして、突撃隊幹部を、国防軍の提供した武器で装備した親衛隊に急襲させ、三日間にわたって殺戮を繰り返させたこの事件で、ヒトラーは自らを「ドイツ国民の最高の裁判権者」であるとし、政治・軍事・官僚制の装置を利用する際に法規範に拘束されることなく、「総統命令」という、ヒトラー個人による委任の形で権力の執行が可能であることを実際に示したのであった。この事件では、レームを含む五〇名の突撃隊幹部をはじめ、前首相シュライヒャー将軍と夫人、シュライヒャーの側近ブレド将軍、一九三二年末に脱党した元党組織部長グレーゴル・シュトラッサー、パーペンの側近エトガー・ユング、バイエルン元総監フォン・カール等を含め現在確認されているだけでも八五名の人びとが全国各地で虐殺された。

殺害されたシュライヒャー将軍の知己で、当時国民社会主義ドイツ法律家同盟大学教授全国専門家集団総裁をつとめていたカール・シュミットは、自らの編集する『ドイツ法律家新聞』に「総統は法を守った」と題する一文を事件直後発表し、「危機の時にあたって最高裁判権者としての指揮権により直接法を創造するような真の総統はつねにまた裁判官でもある。……今回の総統の行為は真実真正の裁判行為であった」と述べたのだった。だが、タイトルから受ける、既存の法を尊重するような総統イメージは実はまやかしだった。シュミットは直接的な、真正の「法創造」行為という名で、ヒトラーによる無法殺人を正当化したばかりでなく、総統の存在を法に拘束されぬ絶対的指導者としてカリスマ化したという意味でも重大な役割を演じたといわざるをえない。

一方レーム事件に際し一般の人びとが見せた反応は概して次のようなものであった。「ヒトラーはナチ体制内部の腐敗分子を攻撃した」、「ヒトラーは一般民衆の代表の資格で、横暴なボスに対して制裁を加えた」、「突撃隊幹部は腐敗していたうえに不道徳な同性愛行為にふけっていたのだし、突撃隊そのものが評判が悪かったのだから、彼らが制裁を受けたのはあたりまえだ」、「ヒトラーの迅速な行動で国民は突撃隊やナチ党の腐敗と横暴と無秩序から解放された」、「彼こそは道徳と正義と秩序の代表者であり、体制内の悪の清算者である」云々。

第六回党大会

一九三四年八月一日、政府は「ドイツ国元首法」を制定し、大統領と首相の職務を統合することを定め、大統領の職務はヒンデンブルクの死後「総統兼首相」ヒトラーに移行するとした。八月二日ヒンデンブルク大統領の死亡によりこの法が発効し、ヒトラーは八月一九日にはこの措置について国民投票をおこなったが、有効投票の八九・九三％の支持を獲得した。ナチ党はヒトラーの地位を通じて、ドイツ国家の決定的な政治的意志のにない手のポジションを握ったといえよう。国防軍はヒンデンブルク死亡当日すでにヒトラー個人に対して無条件の服従を全軍で誓っていた。

第六回党大会はこの間の事態のために予定より八日遅れて九月五日に開かれ、しかも国

第6回党大会（1934年）

ヒトラーを真中に，右がルッツェ，左がヒムラー．会場を埋めつくすのは突撃隊と親衛隊．

防軍の初参加が急遽決められた。軍の参加は以後恒常化されて大会のスケジュールも基本的には一週間のプログラムになっていく。すなわち、まずヒトラー到着日を一日目とすれば、二日目（大会オープニング・デー）党会議、三日目は労働奉仕団デー、四日目は党政治組織指導者デー、五日目《ヒトラー・ユーゲント》デー、六日目突撃隊・親衛隊デー、七日目国防軍デーという基本的プログラムが三四年以降定着していくのである（三七年以降は《共同体の日》というマスゲーム展開日が四日目に新設挿入され、大会期間は計八日間となった）。ところがこの党大会を撮《と》った映画『意志の勝利』では、本来最終日に出てくるはずの国防軍が、ヒトラーの到着した日の夜にはやくも登場してくるという具合に、実際のプログラムの時間進行とは異なった、シークエンス上の再構成がおこなわれており、ドキュメンタリーの衣の下にこの映画の意外な政治的配慮が垣間見られる。

この第六回党大会でさらに注目されるのは、六月八日突撃隊の全部隊に発したレームの休暇命令が解除されぬままになっていたため、新幕僚長ルッツェと突撃隊一般隊員とがこの党大会ではじめて顔合わせをおこなうことになったことである。ルッツェはしかも六月三〇日当日にヒトラーからこのポストに任ぜられており、一揆計画をヒトラーに密告した報酬としてこのポストを与えられたとしきりに取沙汰されていた。さらにヒトラーにとっても、このニュルンベルクが、幹部粛清以後はじめて突撃隊と再会する場になったのであった。権力掌握にあたって力あった突撃隊を無慈悲に容赦なく奪権化したヒトラーは、自らがでっち上げた伝説、すなわちレームそのほか突撃隊幹部の間には一揆計画がたしかに存在したという伝説の絶対的妥当性＝真実性を党大会でももちろん認めさせる腹づもりであった。突撃隊の方は、総統に対する忠誠・服従がもはや自明のものであるとはいいがたい心理情況に直面していたと思われるが、他方、今回の粛清を、総統が幹部に対してのみならず突撃隊全体に対して抱いた不信の表現と受けとめざるをえない状況にも追い込まれており、突撃隊組織全体の存続がはたして認められるのか否かという不安に苛《さいな》まれていたといえよう。

党に拘束される突撃隊

映画『意志の勝利』にも収録されているシーンであるが、九月九日ルーイトポルト・アリーナに集合した一一万人の突撃隊・親衛隊隊員に向かってヒトラーは次のように呼びかけた。

突撃隊・親衛隊諸君！　数ヵ月前にナチズム運動の上にひとつの暗雲が生じた。この暗い影にかかわりがなかった点で突撃隊も党の他組織とほとんどかわるところはない。我々の比類なき運動の構造にほんのわずかな亀裂でも生じたかのように考える者はすべてまちがっている。我々の運動はこの突撃隊・親衛隊ブロックのように強固であり、ドイツにおいてはどんなものによっても破壊されえない！　突撃隊の精神に対して不正をはたらく者がいれば、災は突撃隊に降りかかるのではなく、不正をあえておこなおうとする者自らに降りかかるのだ！　私かあるいは他の誰かが長年月かけて構築してきた突撃隊の組織をいずれの日にか解体しようとはかっていると考えるような輩《やから》は狂人か意識的な法螺《ほら》吹きだけだ。……ドイツで突撃隊ほど忠実な者は他にいないという確信をもって、この新しい連隊旗を諸君に授けよう。

ルッツェはこれに対し「わが総統閣下、運動の初期からわれらが任務と義務を果たしてまいりましたとおり、今後もただ閣下の御命令のみ拝受する所存です。そしてわが同志たちは、総統の命令以外の何ものも遂行致しませんし、われわれが以前とかわらぬ忠良な兵であることをお示しせんものと心得ております」と答えた。

総統に対して突撃隊の無条件の服従をルッツェはここに特別の意味を込めて保証したのだが、突撃隊が今後もかわることなくヒトラーに従順であることを、例年の誓約の儀礼にしたがうことを通じて示したのであった。だが、このことによって突撃隊は、ヒトラーに対するレームの裏切りというでっち上げ伝説を公然と承認したことになったのである。またそれだけ突撃隊はいっそう強固にヒトラーおよび党指導部に拘束されることになり、かくしてヒトラーは、突撃隊幹部粛清措置から、逆に突撃隊の忠誠告白を引き出しうるに十分な圧力を手に入れたといえよう。

ヒトラーが突撃隊に再会した翌日の党機関紙は「何十万という突撃隊兵士の心の奥に抱かれていた希望が満たされた。なぜならば、総統自身がナチ党の古参闘士の心の不安をとり除いたからである。これまで多くの人間が請合ったにもかかわらずこの不安は彼らの心にますます重くのしかかっていたものだった」と伝えていた。

『意志の勝利』の虚構性

権力のパフォーマンス

『あなたはヒトラーを見たことがありますか？』というW・ケンポウスキの有名なアンソロジーは同時代人のヒトラー体験を綴ったものである。作家の右の問いに「見ました」と答えた人びとは、いったい、いつ、どこで、ヒトラーを目撃したのか、という点についてさまざまに興味深い証言をおこなっているのであるが、ヒトラーをじかに見た場所として回答の中でまず目につくのは、ニュルンベルクの町で、という答えである。それもナチ党全国大会の時に、と答えている人が多い（ケンポウスキ　一九七三）。

参加すれば、この町のどこかでとにもかくにもヒトラーを体験できた。会場ルーイトポルト・ハインのスタジアムやアリーナやホールで、あるいはまた旧市街の中央広場や街角で、はたまたヒトラーのニュルンベルクの定宿「ドイチャー・ホーフ（ドイツ宮）」の前で、数分数秒なりと総統の姿を垣間見る機会はあったといえよう。

さすれば、党大会は第一に、ヒトラーをまだ見たことのない人びとに対して、彼を直接眼のあたりにしうるチャンスを与えるためのものだったのだろうか。むろん党内および国民の間にヒトラーの権威を視覚的に印象づけることは、党大会の重要な機能であったが、それだけに終始したのでないことはこれまでの行論からも明らかであろう。「大会期間中全世界の眼がニュルンベルクを注視していることを忘れないように」という参加者への注意書きからもうかがわれるように、ナチ党の権力の演出、体制の自己表現として一糸乱れぬパフォーマンスを達成することも一方で敏感すぎるほどに意識されていた。「ひとりでもミスすれば党が笑いものになる」という注意書きにもそれはあらわれていた。

だがまた大会を裏面から見れば、冷たいビールの飲み過ぎによる下痢、また泥酔への対応のみならず、長旅や行進の連続で会場で昏倒する者の手当てに一〇〇〇人の医師、一二〇〇人の看護婦、四〇〇〇人の医療助手（一九三八年の例）が待機し、てんてこまいしなければならないといった現実のひとコマもあったのである（Loiperdinger 1987）。

いずれにしても、先のアンソロジー中、ニュルンベルクでヒトラーを見たという人びとも、総統の登場で頂点に達する盛大な党の祭儀がくりひろげられた時に、ヒトラーを仰ぎ見るほんの端役ないし脇役として、この党大会という〝舞台〟に〝出演〟していたというのが実情だったことは繰り返すまでもないだろう。

もちろん大会期間中ニュルンベルクを訪れなくても大部分の国民大衆は当時ゲッベルスが普及させたラジオ「フォルクスエンプフェンガー（国民受信機）」を通じてヒトラーの演説を聴くことができたし、映画館に足を運べば、当時のニュース映画「ヴォヘンシャウ（週間ニュース映画）」を見ながらヒトラーの姿を確認できなかったわけではない。なかでもヒトラーおよびナチズムに関するイメージ形成に画期的影響を及ぼしたという点では、レニ・リーフェンシュタール監督の『意志の勝利』ほどに絶大な威力を発揮した映画はないように思われる。この作品で何より注目されるのは、ドイツの国民大衆に、はじめて至近距離からのヒトラーの像を提供した点である。一九三五年四月五日に『意志の勝利』はドイツ全国七〇都市で一斉に封切られ、一番館のそれまでの入場者数の記録を塗り変えたといわれている。

突撃隊の描かれ方

この映画のスーパー・スターはむろんヒトラーであり、映画全体の約三分の一に顔を出している。彼の演説部分だけでも音声全体の五分の一、党リーダーたちの演説時間の三分の二以上を占めているのである。しかもここに

された第6回“統一と力の党大会”の実際の進行と

実際におこなわれた(撮影された)日付		一般公開・非公開
1934年	9月4日17時30分	非公開
	9月10日(第6日)21時00分	非公開
	実際の撮影は9月7日朝	非公開
	実際の撮影は9月5日朝	非公開
	9月8日(第4日)昼	非公開
	撮影時不明	非公開
	〃	非公開
	9月5日(第1日)11時00分	公　開
	党大会後	非公開
	9月6日(第2日)10時00分	公　開
	9月8日(第4日)夜	非公開
	9月8日(第4日)10時00分	公　開
	9月10日(第6日)	公　開
	9月7日(第3日)18時00分 及び21時00分	公　開
	9月9日(第5日)8時00分	公　開
労働奉仕団	9月6日(第2日)13時30分	公　開
突撃隊・親衛隊	9月9日(第5日)11時30分	公　開
	9月10日(第6日)18時00分	公　開

“*Triumph des Willens*” *von Leni Riefenstahl,* Opladen 1987,

表2　映画『意志の勝利』シークエンスの展開とこの映画で撮影の異同

	映画のシークエンス	映画が暗示している日付
1	ヒトラーの到着	大会オープニングの前日午後
2	国防軍軍楽隊演奏	大会オープニングの前日夜
3	オープニング前	
	①ニュルンベルク市街俯瞰	大会第1日朝
	②テントのシーン	〃
	③民族衣裳行列	大会第1日午前
	④労働者－突撃隊にヒトラー会う	〃
	⑤ホテル《ドイツ宮》からのヒトラーの会場へ向けての出発	〃
4	党会議オープニング	大会第1日昼
5	党各組織指導者演説	大会第1日昼
6	労働奉仕団点呼	大会第1日午後
7	ラングヴァッサーでの突撃隊の集会	大会第1日夜
8	ヒトラー・ユーゲント点呼	大会第2日昼
9	国防軍演習	大会第2日午後
10	党政治組織指導者点呼	大会第2日夜
11	突撃隊・親衛隊点呼	大会第3日午前
12	中央広場での諸組織の行進	大会第3日午後
13	大会最終会議	大会第3日夜

注　Martin Loiperdinger, *Rituale der Mobilmachung. Der Parteitagsfilm* S.63.もあわせて参照.

は明らかにヒトラーを仰ぎ見るまなざし、「理想化する視線」を確認しうるし、権力によってすでに演出された党大会を、ヒトラー神話を軸にさらに輪をかけて理念化し理想化しようとした意図がうかがわれるのであるが、この映画は現在にいたるまで依然として真正のドキュメンタリーと受け取られている節があり、その意味でも見る人にはなお高度の政治的影響力をふるっているといえよう。

「今世紀のキー・ドキュメントのひとつ」とさえいわれているこの作品は、繰り返すように第六回党大会を撮影したものであるが、それでは突撃隊をめぐる当時の状況を作品はどのように反映していたのであろうか。

『意志の勝利』の中でレーム事件後が暗示されていると思われるのは、とりわけ映画の七番目のシークエンスである。すなわち、突撃隊が新しい幕僚長ルッツェをニュルンベルク南東郊外ラングヴァッサーの夜の宿営地で迎えるシーンである。これは党大会の公式のプログラムには含まれていない一般非公開の催事であった。こうした突撃隊内部の行事を映画がことさらに撮影し、重要な構成部分にしていること自体きわめて注目に価する事柄であろう。

「宿営地では明るい気分が支配している。突撃隊員は彼らの新しい幕僚長の名を、声を揃えて呼ぶのをやめない」とこのシーンについてリーフェンシュタール自身のカット説明にあるとおり、突撃隊の奪権化にもはや抗《あらが》わず、逆に新しいリーダー、ルッツェと可能なかぎり良好な関係を築こうとしている突撃隊の姿をむしろ意識的に描き出そうとしたといってよい。

このような隊員たちに対し、ルッツェは闘争期からの同志関係に訴えかけ「同志諸君！今晩ここに集まっている多くの諸君が運動の初期の時代、突撃隊兵士として整然と行進した時の私をなおよく憶えておられよう。当時突撃隊兵士だった時とまったく同様に今日も私は突撃隊兵士である」「私たち突撃隊兵士はつねにただひとつのことを念じてきた。総統に対する忠誠・総統のための闘争を念じてきたのである」と叫び、集まっていた隊員からやんやの喝采を浴びた。ルッツェへの喝采はまた党への信条告白を意味した。突撃隊が組織存続を承認されるか否かは、まず突撃隊の方がルッツェを受け容れるか否かにかかっていたのである。映画では、ルッツェが演説を終えると、「幕僚長に会おう」と感きわまって叫び殺到してくる隊員たちにはさまれ、リムジンに乗って帰ろうとする彼があふれる人たちをかきわけるように腕をふりあげながら道を開こうとするが、結局人波に処置なしとあきらめる条《くだり》が撮影されている。そしてお祝いの花火が次々に炸裂するシーンがそれに続いているのである。リーフェンシュタール監督は、突撃隊の団結を際立たせ、突撃隊にとっては敵といえる勢力の選んだ新幕僚長を隊員たちがいかに熱狂して迎えたかを強調したかったのであろう。

ドキュメンタリーかプロパガンダか

映画では突撃隊とルッツェの間に〝一体性〟が確立されたその二日後、ルーイトポルト・アリーナで突撃隊・親衛隊の大点呼がおこなわれるシーンが出てくる。ルッツェが突撃隊を代表してここでヒトラーに誓約することで「レーム事件」の〝禊《みそぎ》〟は済んだとし、そのうえでヒトラーが突撃隊の存続を保証するという構成になっている。ということは一一〇〜一一一頁にすでに引用したヒトラーとルッツェの演説が、映画では実際の順序（ヒトラー→ルッツェ）とは逆に構成しなおされていたことになる。映画にデモンストレートされた党と突撃隊大衆との〝一体性〟の背後にそれではどのような緊張・対立が存在していたのか、またそれにどのような勝敗の決着がつけられたのか、『意志の勝利』はもとよりひとことも語っておらず、むしろ完全に問題を隠蔽してしまっているのである。

この映画作品がドキュメンタリーかそれともプロパガンダかという問題をめぐっては戦後もさまざまに論じられてきたが、リーフェンシュタール自身は「この映画は純粋に歴史的なものです。もう少し詳しくいいますと、この作品は、当時の真実、一九三四年にあった真実・歴史を映し出しています。ですからドキュメントであって、プロパガンダではありません」と述べている。だが彼女はまた「私たちに偉大な出来事との真正のつながりをもたらす報告がドキュメントになるのです」とも述べている。歴史的出来事を忠実に記録するのがドキュメンタリーではなく、スクリーン上の生起を通して観客自身が〝偉大な出来事〟の現場に直接居合わせたかのように観客に語りかけることがドキュメンタリーなのだということになろうか。

英大使ヘンダスン卿の言葉を引用すると「ニュルンベルクで一週間続くこの集会のさまざまな催し物を直接目にした者あるいはここを支配している雰囲気に曝《さら》された者でなければ、ドイツのナチ運動をすでに自分は知悉《ちしつ》していると自慢することはできない」と党大会に招待された体験を総括しているのであるが、リーフェンシュタール監督は逆に党大会が有する、こうした視覚的効果とその限界を知り尽くしていたといえよう。したがって党大会を「真正の」映像体験として再生することは、すでにそれ自体理想的なものとして演出された党大会を、映画を通してさらに理想化された党大会に昇華させようとするものだったのである。

ヒトラーのカリスマ化

もともと『意志の勝利』は映画の三分の一をカヴァーするプロローグを入れる予定であった。このプロローグでは、ナチズム運動の歴史を〝その原初から今日の完成にいたるまで〟表現することになっていた。党伝説の政治的「歴史」（神話）は、ドイツ国家の歴史を二〇年前の過去に遡り、ナチ党の台頭を、ヒトラー指導下、真にドイツ的で、それゆえに優れた勢力が、インターナショナルで反ドイツ的な邪悪な天敵（なかんずく、共産党・社会民主党のマルクス主義に捉えられた敵）に対して勝利する不可避の過程としてあらわし、その中心には政治的犠牲者の神話を置くはずであった。だが実際にできあがった映画は「一九三四年九月五日」「世界戦争勃発から二〇年」「ドイツの受苦の始まり（敗戦と革命―芝）から一六年」「ドイツの再生の開始から一九ヵ月」「アードルフ・ヒトラーは再びニュルンベルクに飛来し、彼の忠実な部下たちの閲兵をおこなう」というわずか五つ（計五〇秒たらず）のカットの字幕が現れるだけであり、このような形で闘争史といとも簡単に訣別したうえで映画は始まっている。党伝説に当初あてられるはずだった部分は、『意志の勝利』では一貫して総統神話に置きかえられることになったのであった。

アードルフ・ヒトラーは、この映画では、ナチス国家が、国民、なかんずく党諸組織の成員に対してなす要求、すなわちドイツ民族のために自己の生命を投げだすことのできる忠誠を尽せという要求を体現した存在として描かれているといってよい。無条件の忠誠をヒトラーはドイツの名において要求していたのである。党大会の終盤、ヒトラーの最後の

映画『意志の勝利』のヒトラーと親衛隊

演説が終わったあとの「党はヒトラーであり、ヒトラーはしかしてドイツである。ドイツがヒトラーであるごとく！」という総統代理ヘスの絶叫のシーンもこれに対応していたといえよう。

忠誠のデモンストレーションは、労働奉仕団、ヒトラー・ユーゲント、党政治組織、突撃隊・親衛隊の順にこの映画でも映し出されていくが、リーフェンシュタール監督にとって肝腎なことは、どの組織に属しているか区別する意味での制服による差異化ではなかった。むしろ国防軍の兵士であれ「労働の兵士」（＝労働奉仕団）であれ「政治的兵士」（＝突撃隊・親衛隊）であれ「未来の兵士」（＝ヒトラー・ユーゲント）であれ、いずれも「兵士」として表現され表象されることが重要であり、制服を媒体とする同一化が大切であった。繰り返せば肝要なのは言葉の最も広い意味での（忠良な）兵士になることだったのである。現実には区別されうる行為のにない手をこのような形でひとつの役割のにない手に還元することは、党大会が一九三四年九月時に内政の優先課題にしていたもの、すなわち国家と党における諸組織の統一性、一体性をデモンストレートするというだけではなかった。この紐帯《ちゅうたい》の要素が総統への忠誠であり、総統はドイツのために死ぬ覚悟を要求できるというのが『意志の勝利』の重要な政治的メッセージであった。

監督リーフェンシュタール

ヒトラーの人格から放射される権威をスクリーンの上でこのような意味において可視化すること、それこそがこのフィルムの映像演出の課題であった。先述のカール・シュミットとは異なった方法ながらリーフェンシュタールもまたヒトラーをカリスマ化するうえで決定的な役割をになったといわなければならない。

『意志の勝利』撮影中のリーフェンシュタールとヒトラー

『意志の勝利』というタイトル自体リーフェンシュタールとヒトラーが協議をかさねヒトラーが決定したのであるが、リーフェンシュタールが「世界でこれほどひとつの国家が一つの映画作品に力を投入したことは未だかつてなかったでしょう」と述べていることもあらためて作品の成立状況を考えさせるものであろう。

リーフェンシュタールは戦後のドイツにおいては、女優マレーネ・ディートリヒ（『リリー・マルレーン』を唄ったことでも有名）とはまた違った意味で忌避された。一九九三年に完成したレイ・ミュラー監督作品『レニ　映像の力　リーフェンシュタール』は、九〇歳をこえ自分の過去をまるで謝罪しようとしない矍鑠《かくしゃく》たるリーフェンシュタールとその語り口を見事に撮ったインタヴュー映画であるが、監督の挑発的な質問に対し「私が何の罪を犯したというの。あの当時、ドイツ人の九〇%がヒトラーに熱狂していたのよ。ナチスは合法政党だったのよ。それに、はっきりさせておきたいことですが、私自身はナチスの党員ではなかったし、反ユダヤ的だったこともない」「『意志の勝利』のメッセージは、平和、平和だったのよ」と述べているが、他方「いまとなっては（『意志の勝利』をつくったのは）悪魔との契約だった」（『ファウスト』を連想させる！）とも述べている。

ミュラー監督がこのインタヴュー映画のベースにしたリーフェンシュタールの一九八七

年の自伝『回顧』において、『意志の勝利』の制作については、必ずしも自分から積極的に関わったわけではない点を強調している。しかもヒトラーとは親しかったこと、反対にゲッベルスが大嫌いで、いかにこの国民啓蒙宣伝大臣に制作を邪魔されたか、についてもやはり映画以上に縷々《るる》述べている。政権掌握前からヒトラーは「我々が権力を獲得したら、あなたは私の映画を製作してくれますね」と言っていたといい(『回顧』上巻一六〇ページ)、掌握後の三三年八月「実際の出来事から単純な週間ニュース映画以上のものを創造する芸術的才能をお持ちなのはあなただけだと確信しています。宣伝省の映画局の役人では駄目だ」(『回顧』上巻二〇八ページ)と述べたという。

かかる懇請に負けて撮ったと彼女が強調したい、一九三三年の第五回党大会のフィルム『信念の勝利』について、『回顧』では、一九四五年連合軍がベルリンとキッツビューエルの防空壕に保管していたコピーを押収してしまい、ボルツァーノに送ったオリジナルもネガを含め途中で行方がわからなくなってしまった、と「幻の映画」になってしまったことを一方で強調しつつ、他方では、それが党の介入でまったく自分のイニシアティヴを自由に発揮させてもらえなかった失敗作だったとも弁明している。ミュラー監督の『レニ』は、リーフェンシュタールが今となってはあまり見てもらいたくないこの『信念の勝利』を掘り出してきて、嫌がるリーフェンシュタールをこれに再会させて作品の自己評価を聴くのであるが、三三年一二月一日、ベルリンのウーファー・パラストでこの六五分間のフィルムを見たヒトラーも党幹部も熱狂したというから、『信念の勝利』はそうした意味においてはけっして失敗作ではなかったといえる。リーフェンシュタールの党大会映画の第一段階としても一年後の『意志の勝利』との連続性がもっともっと検討されてしかるべきなのではあるまいか。

冒頭のシークエンス

もっとも『信念の勝利』に対しては、当時突撃隊の部隊長ハンス・ズーアマンから聞き捨てならない抗議がリーベル・ニュルンベルク市長のもとに寄せられていた。それは、ニュルンベルク市のひとつの重要なシンボルである「城砦カイザーブルクとそこからの眺めが出てこない」「突撃隊、親衛隊、ヒトラー・ユーゲントの営舎生活が描かれていない」「長らく運動に携わった突撃隊隊員の、勝利の凱旋行進がもっとヴィヴィッドに映像化されなければならない」等、注文の多い批判であった。こうした反応に接してはじめて私たちは、なぜ一連の次のようなシーンが第六回党大会映画『意志の勝利』において挿入されねばならなかったのか、その理由の一端を知ることができる。すなわち『意志の勝利』の冒頭には、城砦とそこからのニュルンベルクのパノラマの大俯瞰シーン、ヒトラーが搭乗しているセスナ機の翼からの、市内行進中の突撃隊の隊列へのカメラ・パン、さらには党大会のために地方からやってきてテント生活を送っているヒトラー・ユーゲント団員や突撃隊親衛隊の名もない人びとの寝覚めから洗顔歯磨き、薪運び、朝食の準備、朝の点呼までをかなり細かく撮り、また工夫をこらした連続ショット等がなぜ挿入されているのか、その理由の一端を知ることができるのである。

『意志の勝利』の前半、ヒトラーがまだ演説を始めない段階のシークエンスにおいては、特にあらたまってヒトラーが登場するショットにヴァーグナーの『ニュルンベルクのマイスタージンガー』がバックグラウンド・ミュージックとして繰り返し流されるが、映画冒頭、ヒトラーの乗ったセスナ機がニュルンベルク上空にさしかかるまではヴァーグナーが使われながら、それに溶け合うように流れ出す曲は、歌詞を抜いた突撃隊の隊歌『ホルスト・ヴェッセル・リート』のメロディーであり、突撃隊の隊列をセスナ機から俯瞰したシーンでは完全にヴァーグナーのメロディーにこの突撃隊隊歌がとってかわるのも、飛行場へヒトラーが降り立つまでのごく短時間の場面ながら、うっかり聴き過ごしてしまえないものを含んでいるといえよう。

しかし、上述の突撃隊部隊長の言葉の中でも、リーフェンシュタールにとって最も聞き捨てならなかったのは「おそらく、我々の信念の勝利が何を意味しているのか、女にはわからないのだ」という一節であったと推察される。市長リーベルも「この突撃隊指揮官のいうとおりである」としていたのであった（Zelnhefer 1991）。それほどにナチの「マッチョたち」の、女性監督に対する拒否反応、差別意識は大きかったというべきであろう。

『信念の勝利』撮影後「もう党大会映画を撮影する気は金輪際なかった」とリーフェンシュタールは『回顧』で断言している。「テーマ全体が私には不案内で、突撃隊と親衛隊との区別すらつかないのですから」とヒトラーに懇願したが、「それで結構。そのほうが、本質的な部分が見える。私は退屈な党大会映画や週間ニュース映画は欲しくない。芸術的映像ドキュメントを望んでいるのです。党のその方面の人間にはこれがわからない。あなたは『青の光』でその能力を証明したではありませんか」（リーフェンシュタール　一九九二）という総統に結局は口説き落とされた、というのである。

ナチズムの自己演出

しかし、『意志の勝利』の中の、ヒトラーの演説シーンにも劣らぬハイライトのひとつが、ニュルンベルクの中央広場前の党各組織・部隊の行進の最後に登場するアードルフ・ヒトラー親衛旗の部隊の場面であることは歴然としており、すでに述べたレーム事件の影を背負った突撃隊の扱いとまったく対照的に絶賛されていることも映画を見れば明らかである。ヒトラーが最も愛した行進曲『バーデンヴァイラー・マーチ』にかぶせるように最もエリート然として抜剣して現れる親衛隊のこのヒトラー警護部隊は、後の武装親衛隊の中でも最も勇猛とされた部隊ながら、レーム事件においては、突撃隊幹部を虐殺して恬《てん》として恥じないその暴虐ぶりをほしいままにしたのであった。『意志の勝利』段階でリーフェンシュタールは分化したナチ暴力組織の差異を十分認識したうえでかくも意識的に特化させて描いているといわなければならない。

『意志の勝利』は、彼女が繰り返し強調しているような第六回「統一と力」の党大会のドキュメンタリーなどではなく、ナチズムの自己表現、自己演出だったのであり、ヒトラーも全面的に認めたリーフェンシュタールの美学と政治感覚を遺憾なく映し出したドキュメントというべきであろう。ミュラー監督の『レニ』の中でリーフェンシュタールは、「ヒトラーの演説を撮影し、彼が咳き込んだり、鼻をかんだりするところは編集のときに全てカットしたわ」と述べているが、このシーンを捉えて川本三郎氏は「この言葉にレニの美学が集約されている。完璧なものを愛するあまり、彼女には人間の愚行を愛する精神、つまりはユーモアの精神がなくなってしまっている。ユーモアの欠如はファシズムの特質である」と指摘している。

いずれにしてもドイツ映画史上、否、世界映画史上、これほど問題の俎上《そじょう》にされた女性映画監督はいないであろう。一九九八年末、戦後ドイツではじめてリーフェンシュタールの映画が批判的教育的コメンタール抜きの形でポツダム・フィルム博物館において回顧上映された。女性監督の映像を系統的に辿るシリーズの中で企画上映されたのであるが、九六歳でなお存命のリーフェンシュタールの感慨には特別のものがあったのではあるまいか。

第三帝国の舞台装置家

党大会とのかかわりの深さという点でリーフェンシュタールに優るとも劣らない、第三帝国の代表的テクノクラート、アルベルト・シュペーアにも、このあたりでやはり言及しておく必要があろう。シュペーアという人物そのものの重要性については日本でもはやくから斉藤孝氏、また大野英二氏が精力的に紹介され、最近では小野清美氏が大著『テクノクラートとナチズム』で的確に論じられているので、ここではニュルンベルクのナチズムのパフォーマンスおよび党大会会場構築史の中での彼の役割を中心に紙幅の許す限りで触れてみたい。

党大会が世界の人びとにどう受け止められるか、ナチ党がその効果の程をきわめて意識するにいたったのは、やはりベルリン・オリンピックの年、一九三六年であった。たとえば『ニューヨーク・タイムズ』特派員は九月一二日付の記事で以下のように伝えている。「ヒトラーが登場すると演壇の後に円形に配置された一五〇基のサーチライトから光の矢が放射され、中心の一点を照らした。それは（ベルリン）オリンピックの閉会式に用いられたのと同じ装置であったが、大々的に改良され、比較にならぬほど効果的であった。このまばゆい光の中、ヒトラーが、待ち受ける人びとの間を縫って階段を降り、彼を先頭にした行列がフィールドを通ってゆっくり行進し、演壇に向かって進む。ここで雷鳴のようにハイル（万歳）の叫びが起こり、彼の到来を告げる楽隊の音をかき消してしまう。ヒトラーは演壇に登り、完全な静寂が訪れるまで待つ。と、遠くに突如、赤い色の集団が現れてこちらに近づいてくる。それはドイツ全国からやってきたナチ党（政治）組織の二万五〇〇〇本のハーケンクロイツ旗である。旗手たちはフィールドの褐色の縦隊の背後を行進してきて、やがて前に出る。さながら褐色の堅固な岩塊を縫って真紅の大波がドッと押し寄せてくるような観を呈する。これと同時に演壇の上の柱にとりつけてある小さなサーチライトがフィールドに向けられ、連隊旗の黄金の鷲を照らし出し、赤い波の中に金色の斑点が浮かび上がる。その効果たるや筆舌に尽くしがたいほどの美しさであった」（Burden

1967)。

高射砲隊のサーチライトを夜のイヴェントに多用した効果的な党大会演出が、建築家シュペーアの考案したものであったことは今日よく知られている事実である。一九〇五年生まれの建築家シュペーアが、ヒトラーに見出されたのは少壮二八歳の時であったが、大胆にもゲーテの大作に二人の関係をなぞらえつつ、「大仕事をやらせてもらえるなら、ファウストみたいに魂を売ってもよいという気持ちだった。そういうところへ、私のメフィストが現れたのである。彼（ヒトラー）はゲーテのそれに劣らず魅惑的だった」とベストセラーになった有名な『回想録』（一九六八年）で述べている。やがて「第三帝国の舞台装置家」を自負するにいたったシュペーアの新しい空間創造として今日とりわけ知られているのが、一九三六年の党大会から採用された「光のドーム（大聖堂）」であることは贅言《ぜいげん》を要しない。これについてシュペーアはやはりその『回顧録』の中で「一二メートル間隔でフィールドの周囲に並べられた一三〇台のサーチライトの光線は六〜八キロメートルの上空に達し、そこに一面の淡い光の海を作った。それぞれの光線が無限に高く聳え立つ外壁の列柱になっている、一個の巨大な空間という印象を与えた」と述べ、「光の大聖堂」がこの種の「光の建築」のはしりであること、またそれが自分にとって、最も美しい空間創造であったのみならず、第三帝国の時代を超えて生き残った唯一の空間創造であったことも、誇らしげに指摘している。「あたかも氷のカテドラルの中にいるかのように荘厳かつ華麗であった」という、当時イギリスの駐独大使として党大会に招待されたヘンダスン卿の言葉も引き合いに出しながら、自分の演出こそが党大会の影響の基本的部分を代表するものであり、この「光の芸術」の美的効果と迫力がどれほどのものであったかを示そうとしたのであった。しかし、シュペーアはまた著書『技術と権力』（一九八一年）の中では、この「光のドーム」が、まさに政治的観点で人間を従属させ、人間の個性を喪失せしめる演出の一つの頂点をなしたもの、とも述べている。こうしてバランスをとるあたりがいかにもシュペーアらしいところである。

党大会会場の建設計画

一九三三年五月一日のメーデーにとってかわるナチの「国民的労働祝祭の日」の、ベルリンのテンペルホーフ・フェルトにおける五〇万人会場の設営プラン、一九三三年九月の「勝利の党大会」の設営プランを、あとでシュペーアの業績とはじめて知ったヒトラーは、一九三四年の年始めに、まずニュルンベルクのツェッペリンフェルトの見物席を木造から石造に変える仕事をシュペーアにまかせているが、同年秋には党大会実演場《ゲレンデ》総体の建造計画を練るよう命じた。ヒトラーの承認にな

党大会会議場の模型とヒトラー

るこのシュペーアの党大会会場とそのための都市計画模型は、一九三七年のパリ万国博覧会にも出展されてグランプリを受賞したものである。全施設の総工費をシュペーアは七億〜八億マルクと見積もり、この額は、振り返ってたとえてみれば総力戦期の一九四三年の軍需費の四日分相当の支出にすぎないと嘯《うそぶ》いているが、ニュルンベルク市の負担は当初から大変なもので、市長のリーベルと警視総監のオーバーニッツは大蔵次官のフリッツ・ラインハルトを訪ねては補助金の申請を繰り返し陳情した。あのシュトライヒャーさえ「これはニュルンベルク市民ではなくドイツ国民の負担すべきもの」と訴え、市当局の提案で一九三五年三月末には「ニュルンベルク党大会会場建設共同事業目的連合体」がナチ党・国・バイエルン州・ニュルンベルク市によって構成されることになり、この公法人の長にはハンス・ケルル教会問題担当相が就き、委員会には党財政部長シュヴァルツ、大蔵次官ラインハルト、バイエルン州首相ズィーベルト、組織事務局長を兼ねるニュルンベルク市長リーベル等、委員メンバーに加え、シュトライヒャー、シュペーア、それにドイツ労働戦線全国指導者代理シュメーアが専門鑑定人として参画した。一九三八年まで八回審議をおこなった委員会は発足当初八年〜一〇年で計画達成という展望を明らかにしていたし、予算のことには全然配慮しなかったヒトラーも一九三六年の党大会オープニング九月八日に「建設進行中のこの巨大な施設が、当代では世界で建てられている建造物の中でも断然最大の施設としてその完成を六年後には祝うことができよう」と約束している。しかし、一九三九年秋の戦争開始後、計画は中断され、一九四〇年の対フランス戦大勝利後いったん再開されたものの、一九四二・四三年の交の冬、最終的に中止された。ヒトラーはそれでも一九五〇年の再開を期していたという。ニュルンベルク北東一二〇キロのフロッセンビュルク強制収容所の囚人の労働力が建設作業に主として動員され酷使されたが、たとえば三五万立方メートル必要とされた花崗岩は年三〇〇〇立方メートルしか調達しえなかったし、四〇万人都市ニュルンベルクが負担にそもそも耐えうる計画ではないという結論を、すでに市当局自体一九三四年に出していたのが実情であった。シュペーアの見積もりよりも高く大蔵省では一〇億マルクかかると見積もっていたが、それぞれ醵出しえた額はナチ党が六〇〇〇万マルク、国防軍が四三〇〇万マルク、ドイツ労働戦線が一〇〇〇万マルク、ライヒ（国、中央政府）が九三五〇万マルク、ニュルンベルク市が二〇〇万マルク、公債三八〇〇万マルク、帝国道路建設資金三一五〇万マルク、失業保険六〇〇〇万マルクと、合わせても計画費用の三割をカバーできない脆弱な財政基盤しかもちえていなかったのであった。しかし鳴り物入りで宣伝されただけあって、ツアーの対象になった党大会会場を訪れる観光客は、一九三八年には市動物園の訪園者三一万五〇〇〇人、旧市街の市庁舎訪問者一七万九〇〇〇人に次ぐ数となり、一三万四〇〇〇人の観光客数をすでに記録していた。

建築と政治

自ら始めた戦争のために一九三九年以降党大会そのものを開けなくなったヒトラーは、往時を振り返り「党大会はナチ党の党生活において途轍《とてつ》もない出来事だった」と感慨深げに述べている。ナチの格闘団体競技を四〇万人の観客に提供することになっていたドイツ・スタジアムや、一六万人の観客に国防軍の演習を観戦させることになっていたメルツ・フェルト（三月演習場）等、結局未完に終わった構築物も多いが、ニュルンベルク南郊ルーイトポルト・ハインの中央には、こうした施設に通ずる道路として当時建設された幅八〇メートル長さ二キロの「大通り」が現在でも残っている。敷地造成・施設建設にも強制収容所の被収容者たちが動員されたことはいうまでもない。そして、一九三八年の西部要塞建設までは、三〇平方キロの敷地面積を有する党大会会場はむろんドイツ最大の演習場と建造物の威容を誇っていた。一九三七年第九回「労働の党大会」においてヒトラーは「市民に対する今日の国家の要求が大きくなればなるほど、国家はまた市民に対してより巨大な姿の存在として現れなければならない」「巨大な構築物は、わが国民を政治的にこれまで以上に統一・強化するための力となるし、社会的に見てもドイツ人にとって誇り高い共属性の感情の要素となろう。このようなわが共同体の、強力にして巨大な証人に向かいあえば、他の俗っぽい、さまざまな分裂の卑小さ加減も社会的に明らかになるであろう」と述べている。だが、巨大な総合芸術としての国家、またそれを提示するナチズムの政治と、それを提供される観客としての国民との関係は、「見せる（見られる）―見る」というだけのものではなかったことに、私たちは注意する必要がある。

党大会は総統とナチ党との根本的な関係を表現していた。党大会のあらゆる大集会の空間、あらゆる大行進の場に必ず総統の立つ場所があり、またつねにヒトラーの前には厳格な秩序の下に編成されて屹立《きつりつ》しあるいは行進していく隊列が存在した。この間近に相対している関係は、水平の関係ではなく、「総統が命令し、我々はそれに従う」という垂直の関係をあらわしていた。再度言及すればリーフェンシュタールの「意志の勝利」が映像化した党大会は、このヒトラーと党との関係を、総統と「兵士」とで構成する「闘争共同体」としてさらに理念化したものだったといえよう。党大会はまた、この「闘争共同体」と、国民全体を包括する「民族共同体」とを媒介する機能、さらには「闘争共同体」を核として「民族共同体」全体を一つの巨大な新しい「戦争共同体」に変えていく役割、をになっていたといったら言い過ぎであろうか。

ナチ・ドイツが再軍備を宣言した年の一九三五年の第七回「自由の党大会」では、「ドイツ国公民法」「ドイツ人の血と名誉を防護する法」（あわせていわゆる「ニュルンベルク法」）が宣示され、反ユダヤ主義が第三帝国という「民族共同体」の不可欠の統合要素であることがあらためて確認されたのであった。

人種法と絶滅収容所への移送

ニュルンベルク法とカッツェンベルガー事件

ユダヤ人の移住

レーム事件後の困難な組織問題を党として、ともかくもクリアした一九三四年九月のナチ党大会前後から、再び断続的にユダヤ人商店ボイコットやシナゴーグ（ユダヤ教会堂）破壊事件が各地で発生していた。三四年半ば、親衛隊の情報組織である保安部（SD）は、その情勢報告の中で、国外でのドイツ商品ボイコットをひきおこしかねないという理由から、アウタルキー（ドイツ軍備経済の自給自足）が[illegible]にな[illegible]ではユダヤ人にこれ以上の経済的圧迫を加えることに反対し、この経済的圧迫にかかわる政策としてのユダヤ人大量移送について検討をおこなっていた。また報告は、ドイツ・ユダヤ人の中で移住を唱えているのはただシオニストだけであること、また彼らだけが「ユダヤ人は真のドイツ人になりえない」と認めていることに注意を喚起しながら、ユダヤ人に国外移住の気運をおこさせる職業転換訓練活動の奨励をも提案していた。当時の親衛隊保安部のユダヤ人問題解決への関心は、ヨーロッパ外へのユダヤ人の大量移出を可能にするシオニストに依拠して、ナチスの「非ユダヤ化」政策のテンポをはやめることにあった。ところが、こうした「非ユダヤ化」政策にとって最も望ましくない事態がおこりつつあった。一九三三年春以来近隣諸国に難を避けていたユダヤ系の人びとが「レーム事件」によってドイツ国内の状況は「正常化」したと判断し、続々と帰独し始めたのである。三五年春までに帰還したこれらの人びとの数を、ナチ党は約一万人と見積もっている（芝　一九八二）。

ヒトラーの政権掌握前のナチ党大会が荒れた一九二九年当時ニュルンベルクには一万二〇〇〇人のユダヤ人が生活しており、この都市のユダヤ教信徒共同体は、その当時のドイツではベルリン、フランクフルト・アム・マイン、ライプツィヒに次ぐ大きな共同体を構成していたが、ナチ独裁が始まった一九三三年にはこの都市にも動揺がおこり、二月段階で八二六六名、そのおよそ三ヵ月半後には七五〇二名に減少した。もちろん外国に逃れたユダヤ人もいたが、比較的近いフランクフルトやミュンヒェン、さらにベルリンに一時

「避難」した人の方がずっと多かった。この当時、以上の三都市はユダヤ人にとってまだ雰囲気が悪くないと考えられていたのである。いずれにしろ一九三三～三九年にニュルンベルクを去ったユダヤ人のうち、外国に向かったのは二五三九名という記録が残されているが、レーム事件後ニュルンベルクに再び戻ってきたユダヤ人も少なからず存在したのであった。

ニュルンベルク法の成立

一九三三年四月反ユダヤ・ボイコット中止を呑まされていたゲッベルスの『攻撃』紙は、三五年四月末に「新たなる反ユダヤ主義の波」を予告したが、これに呼応するかのように、ユダヤ商店ボイコット運動が五月から多発するようになった。レーム事件で抑圧された突撃隊の大衆隊員のルサンチマンも捌《は》け口《ぐち》を見出したかのようであった。ドイツ乙女がユダヤ人男性の「毒牙」にかけられるというポルノ紛《まが》いのイラストつきストーリー、あるいはまたレイプ同然に汚された女性が孕んで生む子どもは決まって典型的「ユダヤ的外貌」をもっている云々という話を満載し、悪意・デマゴギーに充ち満ちた低俗反ユダヤ週刊紙『シュテュルマー』は、この年七月からシュライヒャーの「お膝元」のニュルンベルクはもちろん全国どこの街角でも専用ケースに置かれていやでも人びとの目に触れさせ、ポグロム（ユダヤ人大迫害）をさらにいっそう挑発するに及んだ。すでに親衛隊の週刊機関紙『ダス・シュヴァルツェ・コーア（黒色軍団）』は、「民族の恥」たるユダヤ人と「アーリア」（ユダヤ人以外のドイツ人）との性愛、性的関係を、犯罪とする法律を制定すべしと提言していた（四月）が、三五年七月シュトライヒャーは「ドイツ女性を汚す」（ドイツ女性と交わる）ユダヤ人を死刑にすべきであるという過激な提案をおこなっている。

八月に入ると、ボイコット行動は、地方の党宣伝・大衆組織、分けても突撃隊、さらにドイツ労働戦線、ナチ商工団、ナチ婦人団、ヒトラー・ユーゲント、ドイツ少女団等を大量動員した全国規模の運動となってピークを迎えた。八月二〇日、経済相兼中央銀行総裁シャハトのイニシアティヴでようやく閣僚・次官レベルの関係各省連絡会議が開かれ、「粗野な無謀革命行動」を抑制することで一致をみたが、その際ナチ党を代表して出席していたアードルフ・ヴァーグナーは、ユダヤ人を処断する法を公布しようとしない国家官僚こそかかる行動の責任を負うべきである、と横槍を入れた。会議当日付けで内相フリックは全国の警察に秘密の回状を送付し、各地の違法行動首謀者を挑発者・叛徒・反逆者として処罰するよう求めた。

三五年の党大会は大会用特別列車だけでも五三二本が編成されるほどこれまでにない規

模で全国から党員が集まったが、この党大会の終幕が近づいていた九月一三日ヒトラーは内相フリックに、ユダヤ人と「アーリア」との結婚を禁ずる法案を大会最終日までに作るように命じた。翌日には急遽ニュルンベルクに呼びつけられ、ニュルンベルクの代表的お菓子レプクーヘンの製造元でつとに有名なハインリヒ・ヘーバーラインの邸宅をあてがわれた中央政府およびプロイセンの内務・法務官僚たちは、深更までの短時間にユダヤ人差別のにわか法制化を強いられたのであった。翌一五日夕刻には国会議員が召集を受け、ニュルンベルクの文化協会ハウスで臨時国会が開かれた。国会議長ヘルマン・ゲーリングが告知した法案は、すでに構成議員がすべてナチであった国会議員の全会一致で承認され成立した。

ハリウッド映画が描いたニュルンベルク法

このいわゆる「ニュルンベルク法」は、「ドイツ国公民法」および「ドイツ人の血と名誉を防護する法」から成っていたが、前者はドイツ国籍を有したドイツ人たるユダヤ教徒ないしナチスが「ユダヤ人」とみなした人びとを新法の「ドイツ国公民」から除外差別するものであり、後者はナチ・イデオロギーいうところの「ドイツ民族存続の前提」たる「ドイツ的血の純粋性」をまもるためにユダヤ人と「アーリア」との結婚を禁止し、「婚外」関係も処罰の対象とするものであった。特に後者で注目されるのは、「ドイツ人の血をもった」四五歳以下の女性はユダヤ人の家や経営で働くことが許されなくなったことで、それに違反した女性には罰金・禁固・懲役が科されることになった点、さらに「婚外」関係の場合には男性のみが処罰されるとした点で、女性が性的には非自律的存在であるというナチの女性差別が露骨にこの法に表現されていたことも看過してはならないであろう。

この人種法の犠牲者がはじめて世界的に大きくクローズアップされたのは、第二次世界大戦後のニュルンベルクを舞台にした裁判映画、スタンリー・クレイマー監督作品『ニュールンベルグ裁判』（一九六一年）(Mann 1961) ではなかろうか。この劇映画がとりあげたのは、一九四五年開廷の米ソ英仏によるニュルンベルク国際軍事裁判ではなく、この裁判にひき続いて一九四六年から開始された米軍政府による十二のニュルンベルク継続裁判の中の第三ケース「法律家裁判」である。映画を通して私たちは、バート・ランカスター演じる元法相かつ大法学者のヤニング被告はじめ第三帝国当時の法曹界の大立て者四名が、検察官ローソン大佐（リチャード・ウィッドマーク）とロルフ弁護人（マクシミリアン・シェル）の手に汗握る鍔迫《つばぜ》り合いの中で、不法国家にどのように関与していったのかがあぶり出されていくのを眼にするわけであるが、映画ではニュルンベルク法適用にかかわる

「フェルデンシュタイン事件」がひとつのハイライトをなすといってよい。ユダヤ人の老人フェルデンシュタインとうら若きドイツ人女性アイリーン・ホフマンとがともに潔白であるにもかかわらず、ニュルンベルク継続裁判の被告たちは、第三帝国当時の裁判で二人の性的関係が証明されたものとしてドイツ民族の血を汚した廉《かど》で前者を死刑、後者を懲役刑に処した、という設定になっている。このドイツ人女性アイリーンを、映画『オズの魔法使い』で一躍スターダムにのし上がったジュディー・ガーランドが見事に演じ、第三帝国の「ニュルンベルク法」違反にかかわる裁判がどんなにひどい見せしめ裁判であったかを全身で証言する迫真のシーンによって、世界の人びとは、ようやく第三帝国の司法による殺人・暴虐の実態を知るにいたったといっても過言ではない。

もとより実際に二人のモデルは存在したが、ドイツでは、一九九七年のクリスティアーネ・コールの本格的研究『ユダヤ人とメートヒェン（乙女）―ナチ・ドイツにおける禁じられた親密な関係』(Kohl 1997) によって問題がようやくポピュラーになるまで、長らく忘れられていた。二人を裁いた一九四二年三月一三日のニュルンベルク特別裁判法廷の判決記録に沿って事件の概要をとりあえずたどってみよう (Friedrich 1984)。

カッツェンベルガーとイレーネ

すでに紹介したクレイマー監督の作品には、処刑されたユダヤ人犠牲者のフェルデンシュタインは、その名前と人柄が想起されるだけでまったく登場しないのであるが、この犠牲者は、一八七三年一一月二五日マースバハ生まれのレーマン（通称レオ）・カッツェンベルガーという靴商人である。彼はニュルンベルクだけでも四店舗の靴店を経営する、豊かな、ナチいうところの文字通りの「完全ユダヤ人」（父方母方祖父母四人ともユダヤ教徒）であった。カッツェンベルガーは一九二五年以来、ニュルンベルク・ユダヤ教信徒共同体の幹部会のメンバーとなり、副議長職を経て議長をつとめ、このフランケンの中心都市のユダヤ人コミュニティーをになう要職に就いていた。文字通り篤信敬虔なユダヤ教徒であったカッツェンベルガーは、一九〇六年結婚し、ケーテ、リーロという二人の娘（彼が裁判にかけられた当時はそれぞれ三四歳

レーマン・カッツェンベルガー

ザイラー夫妻（左がイレーネ）

と三〇歳）にも恵まれ、ナチスの時代まで は平穏で幸せな市民生活を送っていた。カッツェンベルガーが親しく接することになった相手は、彼が家主の共同賃貸住宅に写真店を出していたイレーネ・ザイラーという女性で、一九〇九年四月二六日グーベン生まれ、一九三二年以降ニュルンベルクに出てきて生活しており、父親がカッツェンベルガーの知己であったこともあって、彼を代父として、いわば「ニュルンベルクの父親」として慕っていた。カッツェンベルガーの方も娘と歳格好もほとんどかわらないイレーネに何くれとなく心を配っていたのであった。ヒトラーが党大会以外の時にもオペラを観にニュルンベルクへやってきたりした、そういった機会をとらえてイレーネはフランケンの党のボスたちと談笑するヒトラーのスナップを撮ったり、あるいはまたリーベル市長夫人のポートレット写真を注文で撮ったりすることも時にはあったが、写真店としてはなかなかたちゆかず、ガス代やその他諸経費で支払いが滞ることも多くなって、結局カッツェンベルガーに金策の解決を頼るようなことにもなっていたのであった。

一九四一年一月初め、ニュルンベルクのゲスターポ（秘密国家警察）は市内シュピットラートーアグラーベン一九番地のカッツェンベルガー所有住宅に居住する住民からの告発に直面した。住民は、カッツェンベルガーとイレーネ・ザイラーが親密な関係にあり「ニュルンベルク法」違反である、と訴えたのである。告発者は、地区指導者のナチ党街区長にまず連絡し、地区指導部は一九三七年から党員になっていたイレーネを呼び出し、カッツェンベルガーとの関係を絶つよう警告したが、住民は相応の結果があらわれないことに苛立ち、ゲスターポに告発するに及んだのであった。住民たちは二人の「馴れ馴れしい無遠慮な関係」に刑罰が科せられてしかるべきであり、カッツェンベルガーの夜のイレーネ宅訪問のしっぽもつかんでいるし、イレーネの浴室のシャワーの音も頻繁に聞こえるとしていた。

警察はカッツェンベルガーを四一年三月一八日逮捕し、イレーネにも尋問をおこなったが、イレーネは性的関係を否定した。住民は、イレーネがカッツェンベルガーの膝の上に乗っているところを目撃したとすでに申し立てていたのであるが、イレーネが認めたのは小さい頃父親の膝の上に乗っていたのと同様な仕種《しぐさ》をとったということだけであった。やはり性的関係を否定するカッツェンベルガーに対して、取り調べを継続していた警察は、イレーネが関係を白状したと彼に伝えたが、カッツェンベルガーも彼女を膝の上に乗せたことは認めたものの、自分の歳でセックスは叶わないと申し立てた。警察としては事実関係が明らかになったとして、書類が捜査判事に廻され、判事も担当主席検事シュレーダーにカッツェンベルガーの釈放を勧告した。本件には性交に及んだ証拠が欠けており、イレーネ自身誓約して関係を否定しており、「ドイツ人の血と名誉を防護する法」第二条の「人種汚染」はなかったと判定したのである。

ところがシュレーダーは逡巡《しゅんじゅん》するところがあり、友人の特別裁判長オズヴァルト・ロートハウク博士に照会した。一九三七年ナチ党に入ったロートハウクは、当時すでに親衛隊情報組織保安部（ＳＤ）のメンバーにもなっており、「ニュルンベルクの、血に飢えた

人種スキャンダルのフレームアップ

裁判官」の異名をもつようにもなっていた人物であった。毎週木曜夜には、ホテル「ブラウエ・トラウベ（青葡萄）」でナチ党やゲスターポのシュタムティッシュ（常連席の集まり）があり（しばしば妻でない女性も同伴）、その席へこの一件が持ち出されたのである。ロートハウクとニュルンベルクのナチ党幹部はすぐに人種政策上のフレームアップ（無実の人間を罪におとしいれる陰謀）を思いついたのであった。ニュルンベルクの、まだ結婚したばかりで新郎はすぐ軍隊にとられた新妻の女性（イレーネは一九三九年七月ハンス・ザイラーと結婚）がいて、そこに名声も影響力も財産もあるユダヤ人の大商人が、照明禁止の空襲警戒措置（三九年九月ドイツ軍はポーランドに侵攻し英仏とも戦争状態に突入していた状況下発令）を悪用して、自分の所有する住宅に忍び「兵士の妻」を誘惑したとなれば、これほど格好の人種スキャンダルはない、この実例はどんな民族プロパガンダにも優って国民に訴えるところがあろう、今こそユダヤ人に復讐の鉄槌《てっつい》を下さねばならない、裁判を開き、正義と必要なこと、すなわち人種を汚染したものの根絶がとりおこなわれるべきである、というわけであった。

裁判

ロートハウクは法的根拠付けを開始、シュレーダーも下僚の検事マルクルに命じて、カッツェンベルガーに対し、防空法違反の廉《かど》でまず起訴させた。

さらに検察庁長官経由で法務省にカッツェンベルガーの死刑とイレーネの偽証罪認定を申請したが、これについては異論が挿まれず、検察は特別裁判所に関係書類を送付、ロートハウクはニュルンベルク市裁判所大法廷をこの特別裁判に当て、ナチ党の代表や国防軍の幹部をこれに招待し、また傍聴券をばらまいた。裁判は傍聴席を満杯にして始められ、州裁判所長官や検事総長も出席して「人種汚染犯罪」に対する「闡明《せんめい》」ぶりを見守った。ロートハウクは、刑執行がすでに審理において開始されるべきであるという彼特有の原則にしたがって、カッツェンベルガーを「梅毒ユダヤ人」、戦争に責任を負うべき「世界ユダヤ人の代表」と罵《ののし》り、人種汚染は殺人より悪質であるとして、物理的殲滅《せんめつ》、肉体的抹殺の恫喝《どうかつ》を繰り返した。カッツェンベルガーもイレーネも「愛撫」は認めたが、性交は否定した。また一九三八年一一月の「帝国水晶の夜」事件（ドイツ各地で起こったユダヤ人襲撃事件）勃発以後はほとんど会っていないこと、さらに一九四〇年三月に二度目の警告をナチ党から受けた時に、カッツェンベルガーに、もう会わないようにしましょうとイレーネが頼んだことも、被告二人は確認したが、住民は、被告たちに不利な証言を重ね、わけてもカッツェンベルガーの靴店の倉庫労働者で、ストーカー的に執念深く二人の行動を追跡していたナチ党員ハイルマンは、イレーネがカッツェンベルガーに金を無心し続けたことも自分は知っており、イレーネは借金のかたを自分の身体で支払ったのだとさえ「証言」した。

判　決

ロートハウクは、状況のしからしむるところカッツェンベルガーがイレーネとの性交を戦争開始後も続行したことは明白で、そのために遮光規定を意図的に悪用し、しかも夫が軍に召集されている状況をも利用したのは、「国民損壊分子厳罰令」第二条（敵機の危険から防護するためになされた措置を悪用して、肉体・生命・財産に対する犯罪をおかした者）に相当する、と結論づけた。イレーネ弁護のため夫ハンスも出廷し、カッツェンベルガーは夫の自分がいるときに訪ねてきました、と証言したが、ロートハウクは、暗闇が悪用されたことにかわりはない、と突っぱねた。ロートハウクがこの国民損壊分子厳罰令適用にこだわったのには重大な理由があった。ただ単に「ニュルンベルク法」違反では、それまでもさまざまな「事件」でユダヤ人が裁かれていたものの、ドイツ人女性との性交をおかしても懲役一五年というのが実際の最高刑であった。カッツェンベルガーを死刑に追い込むには、すでに戦時状況との関連で極刑判決を多数経験済みの国民損壊犯罪をどうしても付加しなければならなかった。判決前ロートハウク陪席の裁判官ホフマンが性交の証拠付けについてはたして十分か懸念を表明したところ、「接吻をしてしかも膝の上に乗せているのに、性交を信じられないとは、まるで君も〃人生経験〃不足だね」とロートハウクは嘯《うそぶ》いたという。いまひとりの陪席判事フェルバーは全面的にロートハウクに同調している。「人種犯罪は殺人罪にまさる悪質な犯罪である。なぜなら数世紀、否永遠にドイツの血が汚され害されるからである」というのがカッツェンベルガー死刑判決の根拠であった。イレーネに対しては偽証罪で有罪、懲役二年の判決が下されたのである。

「アーリア化」とユダヤ人

ユダヤ人への迫害

カッツェンベルガーのみならずニュルンベルクの他のユダヤ人、否ドイツ全土のユダヤ人にもしだいに追及の手が伸びつつあった。すでに一九三六年のニュルンベルクのカーニヴァル行列には「ユダヤ人はダハウ（ミュンヒェン北西、ドイツ初の強制収容所）へ」と書き立てた山車《だし》が目立ち、同じ年の四月には市議会で「党大会都市」の義務教育本課程国民学校は、ユダヤ人子弟を追放すべきであるという決議がなされていた。この年の一月にはカッツェンベルガーの下の娘のリーロもイェルサレムで靴店を開いた姉ケーテ一家に勧められ、ついに決心してニュルンベルクをあとにしパレスティナに移住している。子どもたちや孫たちが心配だったとみえ、当時まだ旅行が可能だったカッツェンベルガー夫妻も、一九三七年三月にはパレスティナ訪問を敢行し娘たち一家の様子を見に行っている。娘たちは野蛮な人間の支配するフランケンの故郷にはもう帰らないで、としきりに頼んだ。当時パレスティナを委任統治していた英政府は、ユダヤ系（といってもナチが政権をとるまではヨーロッパで少数派であったシオニストたちがほとんど）の人びとのパレスティナ移住には頭金として二〇〇ポンドを要求しており、実際にパレスティナに入れるのは豊かなユダヤ系か、あるいは組織からこの大金をあてがってもらえる入植予定シオニスト青年に限られていたのであるが、カッツェンベルガーはもちろん当時十分これを支払える余裕があった。しかしカッツェンベルガーは一二人兄弟の長兄で、歳をとってもうどこにも行けなくなった妹たちばかり残してドイツを去るわけにはいかず、またユダヤ教信徒共同体の要職をこなす身としても結局ドイツに帰る道を選んだのであった。一九三八年夏には長女のケーテが夫と上の子二人を伴ってニュルンベルクの実家を訪れ、もう一度出国の最後の説得をこころみている。同年夏には市長リーベルの要請にもとづき中央政府はニュルンベルクのシナゴーグの取り壊しを認めた。八月一〇日には突撃隊隊員やヒトラー・ユーゲント団員をシュトライヒャーが直接指揮して解体を強行した。

ユダヤ人の位置

一九三八年一一月九日の忌まわしい「ライヒスクリスタルナハト（帝国水晶の夜）事件」の時には、ニュルンベルクでも中央市場広場（そうこうしているうちにアードルフ・ヒトラー広場に改名）にハンマーや斧《おの》、中にはあいくちや銃を手にした突撃隊隊員が集合し、ユダヤ人の商店や住宅に対する襲撃を開始し、この日の夜ニュルンベルクでは九名のユダヤ人が殺害され、追いつめられて一二名が自殺した。後の市の報告では犠牲の死者は二六名にのぼった。カッツェンベルガーの住んでいたシュピットラーグラーベンの賃貸住宅は襲われずに済んだが、ドイツ全国で殺害されたユダヤ人計九一名という当時の公式記録に照らしても、ニュルンベルクの犠牲者の数の異常な多さが際立っている。警察は二〇〇名近いユダヤ人を裁判所内の体育館に拘束し、そのうち六〇歳未満の人びとをダハウ収容所に強制移送した。ダハウに送られたユダヤ人の数は全国で一万人にのぼったが、ザクセンハウゼンやブーヘンヴァルトなど他の収容所を含めれば三万人近い人びとが身柄を拘束された。水晶の夜事件前から「ドイツ経済のアーリア化」が進行していたが、事件後は本格的組織的にユダヤ人企業・商店の有無をいわさぬ接収が強行されていき、ユダヤ人の経済生活はもはやたちゆかなくなっていった。

ユダヤ系の人びとの経済活動の比重を世界恐慌開始前のドイツの国民所得に占めた割合

で見るならば、三・八％であり、人口比（ドイツ人口の〇・九％）に比較して相対的に大きな比重を占めていたことは明らかであった。経済活動の中身を就業別構成から概観したものが表3であるが、ユダヤ系就業人口の中での比率を見ると、商業・取引業の占める圧倒的比重と農林業の極端に小さな割合が目につく。また公務員・執事部門の著増傾向も見逃せない。さらにユダヤ系の人びとが一九三三年六月時点でかなり高率を示している主要職業集団を列挙すると、以下のようになる（括弧内は各職業就業者全体に占めるユダヤ系就業者の百分比を示している）。行商人・代理販売人（九・二％）、仲買人・問屋（一五・一）、毛皮商（六・三）、医師（一〇・九）、歯科医（八・六）、弁護士（一六・三）、特許弁理士（一三・三）、代弁人（五・四）、裁判官・検事（二・八）、大学教授（二・六）、編集者・作家（五・一）、俳優・舞踊家（三・〇）、監

表3　ドイツ国民の職業構成と
ユダヤ系の人びとの職業構成　(%)

就業部門	1925年		1933年	
	ユダヤ系就業人口の中の比率	全就業人口の中の比率	ユダヤ系就業人口の中の比率	全就業人口の中の比率
農林業	1.8	30.5	1.7	28.9
工業・手工業	24.5	42.1	23.1	40.4
商業・取引	61.3(47.8)	16.4(6.9)	61.3(47.7)	18.4(8.4)
公務員・執事	9.3	6.7	12.5	8.4

注　(　)内は商業・取引のうち商品販売物産取引.

督（五・六）。以上の列記から明らかなのは、商業部門と並んで自由業がユダヤ系の人びとの職業構成において重要な位置を占めていることである。いまひとつ目立つのは、医師および法曹家のかなり高い比率であろう。

以上のような職業構成上の問題に加えて、それぞれの部門でユダヤ系の人びとが獲得していた社会的地位もともとより無視しえない要素である。商業・取引業部門の自営・管理層に占めるユダヤ系の人びとの比率は六％、また工業・手工業分野では一・三％であった（一九三三年）。特に銀行・取引所、仲買業ではこの比率が高くそれぞれ一二・七、一一・六％であった。主要産業一〇部門株式会社中、社長および取締役に占めるユダヤ系の人びとはそれぞれ一三・三、二四・四％であった。またヴァイマル共和国の相対的安定期である一九二八年、大銀行の役員・署名権利人に占めたユダヤ系の人びとの比率は一〇・九％であった。シャハトの『回顧録』によれば、ライヒスバンク（ドイツの中央銀行）監査役八名中、ユダヤ系がメンデルスゾーン、ヴァッサーマン、ヴァルブルクと三人いた時もあった。

以上見てきたような、ユダヤ系の人びとの特定の職業・社会集団への集中・特化という現象がいかなる歴史的社会的ファクターによるものであるかをここでつぶさに検討する余裕はないが、ドイツの資本主義化とユダヤ系の人びとの「解放」とがパラレルに進展し、ユダヤ人はその数に比してドイツ資本主義の発展にきわだって強く関わっていた。しかも都市化・産業社会化に伴って開拓された新しい職業分野以外なかなか実際には社会的門戸が「開放」されなかったという二点は最低限あげておく必要があろう。それまでも「ユダヤ人は中世的身分制秩序の穴あるいは断層に身をおくことができたにすぎなかった」というゾンバルトの指摘はあながち外れてはいない。いずれにしてもドイツ国民のかかる宗教的少数派がさまざまの経済社会分野で目立った位置を占めたことは紛れもない事実であり、このことが反ユダヤ主義者によるユダヤ系住民への攻撃と、ドイツにおける「不健全な」職業構成的「偏り」あるいはさらに「ユダヤ人の覇権」というようなデマゴギー的宣伝を可能にし容易にさせたことは否定しえない（芝　一九八二）。

ニュルンベルクのユダヤ人

ニュルンベルクでユダヤ系のシェア、比重が目立っていた分野を列挙すれば（一九三〇年）、銀行（三五行中一二行、特にローレンツ広場のアントーン・コーン銀行はバイエルンでは最大の個人銀行であった）、自動車・自転車産業（四五企業中六）、鉄・鋼・金属製品業（九三企業中一一）、ホップ商（一四一中九九、ニュルンベルクはドイツまたベーメン〔ボヘミア〕の貯蔵センターで海外向け配送センターでもあった）、百貨店（一〇中五、ヘルマン・ティーツ系のカウフハウス・ヴァイサー・トゥルム（略称KWT）が中でも有名）、通販会社（一一中二）、玩具（二七三店中一二店）、製造業（二六中一七）、繊維（六二中一八）、被服工場（一三中七）、装飾品部門（一二七店中三四店）等であった（Wollenberg 1996）。

ヒトラー政権成立の一九三三年一月頃には、個人銀行、百貨店、会社、医院や弁護士事務所、手工芸品店、小売店等を中心にユダヤ人の事業体はドイツ全土で約一〇万存在したが、一九三八年三月のオーストリア併合の際オーストリアで沸きおこった反ユダヤ主義のうねりがドイツにも反転する中、分けてもボイコットの影響で「水晶の夜」事件がおこる前の段階でその六〇％が「アーリア化」された（一九三八年四月段階で三万九五二三のユダヤ人事業体がまだ生き残っていた）と指摘されている。ニュルンベルクでは、一九三三年と一九三四年のクリスマス（商店にとっては文字通りかきいれどき）にかなり組織的なボイコットがおこなわれたが、一九三七年のクリスマスのボイコットは、ベルリン中央政府とも連絡をとらず独自に開始され、ユダヤ人にとってかなりのダメージになった。普段になくナチ党メディアはこの詳細を報道しなかったが、ハルモニー通り二九番地のフリードリヒ・マイヤー名でシュトライヒャーに対しニュルンベルク゠フュルト小売業界を代表し「我々は率直にこのボイコットが我々小売業者に数々の利益をもたらしてくれたことを認めるものであります」という感謝状が寄せられている。

しかしナチ党フランケン大管区指導者代理ホルツは、クリスタルナハト（水晶の夜）のポグロム扇動によるユダヤ系企業商店の破壊以降、「フランケンが先頭になって」というスローガンの下、ユダヤ人の不動産・家屋・自動車の「アーリア化」までおこなったのであった。ニュルンベルクは以後、ユダヤ人問題のラディカルな「解決」のモデルとして機能する数少ない都市の一つになっていく。この強硬路線を突っ走っていくカール・ホルツは、一八九五年ニュルンベルク生まれ、小学校卒業後商店員見習いになったが、第一次世界大戦に志願。一九二二年突撃隊に入隊し、一九二四年には市議になっているものの翌年罷免された。一九二七年以来『シュテュルマー』編集長、一九三四年からシュトライヒャーの代理を勤めていた。シュトライヒャー、ホルツに加えフランケン「ナチ・トリオ」を構成していたいまひとりとしてここで逸することのできない人物にハンス・ケーニヒがいる。本名はヨーハン・カール・アーロンであったが、アーロンというユダヤ人に多い名前を嫌って「アーリア」的ケーニヒを名乗ったのであった。一九〇四年ニュルンベルク生まれのケーニヒは、銀行員を経てチーズ配送を手がけ、一九二八年からシュトライヒャーのお抱え運転手となり、一九三〇年からはフランケン党大管区を仕切れるシュトライヒャーの副官になった。一九三三年以後は市議も勤め、三五年に劇場担当ニュルンベルク都市参事会員になると、早速ブロンドのオペレッタ女性歌手を囲うようになった。

「アーリア化」

一九三九年二月までにニュルンベルクでは五六九のユダヤ人不動産が「アーリア化」された。ニュルンベルクのナチ党指導部は、この「アーリア化」について法的手順も踏まずまた国家官庁の措置にゆだねず、彼ら自身の手で自己の利害のためまさに「ワイルドな（野放図な）アーリア化（wilde Arisierung）」を強行開始したのであった。当初アーリア化が困難なく比較的「スムーズに」進行したのは、そういう勝手を許さないはずのニュルンベルク司法検察のほとんどがシュトライヒャー・グループの息のかかった人びとだったからである。たとえば主席検事のデンツラーは党大管区の法律顧問兼ケーニヒ個人の法律顧問であった。かくして次から次へとユダヤ人はニュルンベルク・エッセンヴァインシュトラーセのドイツ労働戦線の建物に連れていかれるかあるいはまた出頭するよう命令され、そこで党指導部の指名する取得予定者に自己の資産を異常な廉価で譲渡することを証明する書類に強制署名させられることになった。ある市民はユダヤ人から一八〇マルクで二〇万マルク相当の資産を手に入れるという場合があったし、フュルト市自体一〇万マルク相当の財産をたったの一〇〇マルクで獲得している。もう少し具体的な一例を見てみよう。一八八三年生まれのビジネスマン、フリッツ・フリートマンは、次のような被害証言をおこなっている。

四月の登記（書換）期間中に私はルーイトポルト通り一五番地の家を二〇万マルク相当と申告致しました。実際には一九二一年に一二〇万マルクで購入したものです。私の事務所フリッツ・フリートマン南ドイツ・クリーニングはこの家屋内にありました。……一九三八年一一月一一日、私は二名の突撃隊隊員によって連れ出され、ただちにシェッツラーという人のオフィスに連れていかれました。シェッツラーは「ルーイトポルト通りのあなた名義の家を一〇万マルクで譲渡明け渡しをおこなうよう署名願いたい」というので、拒否したところ椅子に座らされもうひとりのユダヤ人に殴りつけられました。そのあと私も別のユダヤ人を殴りつけるよう命じられました。……再び私が提案を拒否すると今度は暗い部屋に連れていかれました。夜の九時半になってもう一度シェッツラーのところに連れていかれました。すっかり消耗して衰弱した私は気圧《けお》されてしまって署名しました。深夜を過ぎてようやく解放されました。三八年一二月二七日付けの書類を見ると、党大管区指導者代理ホルツが私の家の名義人になりかわっていました。

以下にいまひとつ代表的な事例をあげるが、この報告の主体は、後にこれを調査したゲーリング委員会である。「百貨店《カウフハウス》『ヴァイサー・トゥルム』（略号KWTを使用）は、フランケン党指導部によって何年もボイコットされ続けた。オーナーのテーオ・ハルトナーは『アーリア』であったが、そうこうしているうちに亡くなった妻の方はユダヤ人であった。ハルトナーが『ユダヤ人の奴隷』であり、しかもKWT自体ユダヤ人資本によって経営されているというのがボイコットの根拠であった。……『KWTはアーリア企業とみなしうる』という中央ベルリンの経済省の指示も党大管区指導部および党大管区経済顧問でニュルンベルク商工会議所会頭シュトローブルに無視された。『党大管区指導部の望みにしたがえないならダハウ行きだと繰り返しシュトローブルから脅かされた』というハルトナーの申し立ても信憑《しんぴょう》性がある。シュトローブル自身、ハルトナーに対する措置にかかわったことを認めており、その根拠としては、党大管区指導部、なかんずくシュトライヒャーの代理ホルツによってこの措置が望まれており、ハルトナーをホルツ自ら『ユダヤ人の奴隷』とみなしている」というものであった。

ゲーリング

クリスタルナハト（水晶の夜）三日後の一一月一二日、ベルリンではゲーリング主宰の「ドイツ経済からのユダヤ人排除」に関する関係省庁会議が開かれ、ゲーリング自身次のように述べていた。

むずかしい問題がたくさん生じつつある。かかるユダヤ人店舗を直接ナチ党員の手中にゆだねさせ、そういう形で一定の補償を党員に与えることが、頻繁におこなわれているのも無理なきこととして我慢しよう。しかし過去にまったくひどいケースを眼にしたことがある。大管区指導者たちの取るに足りないお抱え運転手らがこうした譲渡で俄《にわか》成金となり、今や五〇万の財産をもつにいたっているのだ。諸君は知っているだろうか。はたしてこんな事態に同意しうるであろうか（IMT 1948）。

ゲーリングはこの会議でも、「アーリア化」に最終権限をもっているのは党ではなく国家であること、わけても軍備に全権を有する「四ヵ年計画」受託者たる自ら、航空大臣も空軍総司令官もプロイセン首相も兼ねているゲーリング自らにあることを確認して地方党指導部の恣意的な動きを牽制していたし、調査委員会も設置して極端なケースの処置を検討し始めたのであった。

ニュルンベルクではなりふりかまわずユダヤ人に書類への署名を強制する未曾有の事態が続いていたが、執行官の中には土地登記簿に、「取引」の合法化に必要な「執行」を記載するのを拒む者も出てきた。地区裁判所判事ライスは、さらに踏み込んで、強制譲渡の詳細をすべて記録に残そうとした。また、大管区自体は「法的人格」をもたないから、大管区指導者シュトライヒャーの名を財産の購入者として記載すべきであると主張する司法官も出てくるようになった。しかし党はシュトライヒャーの名を外すことにし、かわりにホルツを「受託者」としたのである。法務次官シュレーゲルベルガーもこれには異論を差し挟まず、ニュルンベルクのナチ党は「フランケン大管区はユダヤ人問題解決に格別の貢献をしたのだから、特別の権利をもって当然」という立場をとり続けたのであった。

警視総監ベンノ・マルティーン

警察自体はどう対応していたのであろうか。この問題をめぐっては、何よりもニュルンベルクの警視総監ベンノ・マルティーンについて是非とも触れなければならない（Grieser 1974）。彼はレーム事件後オーバーニッツの後を襲ってニュルンベルク警察の「総元締」に就任していた。三〇〇年来カトリック官吏という家柄の出のマルティーンは、一八九三年カイザースラウテルン生まれ、第一次大戦での前線体験後はエップ反革命義勇軍に参加、軍から一九二〇年バイエルン邦警察に移り、二三年からニュルンベルク警察に勤務していた。一九三三年五月一日（ヒトラー政権成立後、ナチ党入党希望者が「バスに乗り遅れまい」とする人びとであふれ、約三ヵ月後のこの日をもってナチ党入党を札止めにするとの告知がなされていたため、わけても希望者が殺到し各地の党支部には一日中長い行列が現出）、マルティーンもナチ党に入党、さらにレーム事件前の三四年四月には親衛隊に入隊している。警視総監就任の時は四一歳、身長一メートル九八の巨漢でしかも「伊達男」（アルベルト・シュペーアの言）、「黒衣の騎士」（グレーフィン・シェーンボルンの言）という異名を奉られるほど目立った存在でニュルンベルクの「ハイ・ソサイエティー」とりわけ上流婦人たちの間でも関心の的であったが、親衛隊での昇進のスピードも群を抜き、三八年には親衛隊准将、四一年には少将、四二年には中将という異例の早さであった。シュトライヒャーの覚えも当初はけっして悪くはなくむしろ関係はきわめて良好であった。二人が知り合ったのは一九二三年のミュンヒェン一揆直後で、シュトライヒャーに対してはミュンヒェン検察庁から反逆罪の廉《かど》で逮捕命令が出され、ニュルンベルク警察に勾留されたシュトライヒャーの尋問をマルティーンが担当したのが機縁となった。アルテス・ラートハウス（旧市庁舎）の独房の夜は底冷えが猛烈で、シュトライヒャーの願いに応え、マルティーンは毛布をさらにもう一枚支給してくれた、とはシュトライヒャー自身がその後さかんに吹聴し強調したことであった。ニュルンベルクではシュトライヒャー抜きにまた彼に逆らっては何事もスムーズに進行しない状態になっていたといっても過言ではないが、マルティーンの警視総監指名もシュトライヒャーにバックアップされていたといってよい。またヒトラーのマルティーンに対する印象も非常によく、ニュルンベルクに総統が来れば、右にはシュトライヒャー、左にはマルティーンを座らせるのを恒としたのであった。しかしマルティーンとシュトライヒャーとの関係はニュルンベルクにおける「ワイルドなアーリア化」をきっかけに急速に冷却化しさらに悪化していくことになった（詳細はBDC Personalakten）。

当初警察は、当地ドイツ労働戦線の建物の中の「アーリア化オフィス」を他から遮蔽してアーリア化を強行していたフランケン・ナチ党のやり方に対して無力であった。被害に遭ったユダヤ人自身も、党が何でもやりかねないことを恐れて沈黙していた。党大管区指導者全国会議が一九三八年一二月六日ベルリンに召集され、シュトライヒャーも出席した。この会議であらためて、「アーリア化」＝「非ユダヤ化」実施権限を有するのはただ国家だけである点が確認

ベンノ・マルティーン
ニュルンベルク警視総監

されたが、同月一九日に提出されたマルティーンの報告書にも「ここに描かれている全事態を住民は口さがなく最悪の腐敗と呼んでいる。個々の完全な闡明《せんめい》は外部の委員会が——できるかぎりベルリン中央から——ニュルンベルクへ派遣されてはじめて可能になる。ニュルンベルク警察もこの問題の調査を始めればその存在そのものが危なくなりかねない類の圧迫をひしひしと感じている」とし、待たれていたゲーリングの調査委員会の形成にはなお二ヵ月を要したのであった。この委員会は「秘密国家警察、秘密国家警察局、審査委員会」の名の下、すねに傷持つナチ党員には恐れられていたゲスターポ幹部（警察参与）兼親衛隊中佐であったヨーゼフ・マイズィンガーを指揮者として調査を開始した。マイズィンガーは当時党内外の同性愛者の摘発や妊娠中絶女性およびその加担者の処罰においても辣腕《らつわん》を振るい、三八年初頭には親衛隊全国指導者兼ドイツ警察長官ヒムラーの画策にしたがって陸軍総司令官ヴェルナー・フォン・フリッチュを同性愛嫌疑で追い落とした際にも舞台裏で決定的な役割を果たしていた人物である（彼はその後一九三九年九月ポーランド侵略戦争が始まると、ユダヤ人やポーランド知識人層の組織的虐殺にも腕を振るった。一九四〇年一〇月には在日ドイツ大使館付派遣警察として東京に赴任しゾルゲ事件の摘発にも関与した。戦後、アメリカ軍に身柄を拘束されポーランドに送られてワルシャワで死刑判決を受け処刑されている）。

シュトライヒャーの失脚

ナチ全国党大会としては結果的に最後の催しとなった三八年の「大ドイツの党大会」期間中、ニュルンベルクでは「聖女とそのピエロ」と題する文書が出回り始めた。それは、非合法の妊娠中絶がおこなわれたとし、ケーニヒが愛人のエルゼ・バルスターに子どもを孕ませたうえ許し難い堕胎の犯罪がおかされたのだ、とするものであった。この怪文書の件は党総統代理ヘスの耳にも入り、聞き捨てならない事件として党による本格的な調査が開始され、三九年初頭には中絶を助けた医師ズィーモンがまず逮捕された。中絶は刑事警察が扱うべき事件であるというよりは、むしろ民族共同体の存立にかかわる重大な「ユダヤ的」国家犯罪としてゲスターポが乗り出したのであった。またニュルンベルクに近いフォルヒハイムの一煉瓦工場の譲渡についてケーニヒが詐欺によって手に入れしかも不当な売却益を得た、とする文書もあらわれた（今日ではいずれの文書もマルティーンのさしがねによる裏工作に発すると考えられる）が、上記調査委員会の捜査が始まってシュトライヒャーも自らの地位が危殆《きたい》に瀕《ひん》せしめられつつあることをようやく悟った。二月五日、ベルリンから派遣されたマイズィンガーがニュルンベルクに到着する直前、ケーニヒは自殺したが、実際にはシュトライヒャーが強要した死であった。シュトライヒャーは、委員会がニュルンベルクで活動を始める前やはりホルツにも命令してニュルンベルクをあとにさせ、ホルツをむしろ首魁《しゅかい》に仕立て上げようと、なお悪あがきの画策をおこなおうとしたのであった。

マイズィンガーはブローカーのシェッツラー（既述一六八頁）らをまず逮捕し、ニュルンベルクのドイツ労働戦線アーリア化オフィスを占拠した。マルティーンもようやくここにいたってシュトライヒャーとの表だった対決をも覚悟したが、綱引きはなお一年ほど続くことになった。シュトライヒャーにとって致命的に作用したのは、ゲーリングに対する侮辱《ぶじょく》表明とされた事件であった。ゲーリングの娘エッダは夫婦間の営みによって生まれた子であるはずがないとシュトライヒャーが言ったとされるこの話は、ゲーリングが一九二三年のミュンヒェン一揆の際警官に撃たれた大腿部のひどい傷によって性的能力が損なわれたという類推に由来していたが、最初の結婚で元スウェーデン公爵夫人カーリンとの間に子どもが生まれなかっただけに、再婚したエミーとの間にエッダが生まれたことはゲーリングにとっては欣快《きんかい》の一大事であった。したがってシュトライヒャーが言ったとされる話の中身は、ゲーリングの逆鱗《げきりん》に触れたといってよいであろう。

その後ゲーリング宛書簡でシュトライヒャーは、そんな噂を自分は流したことはないと弁明したが後の祭りであった。すでに戦争政策を開始していたヒトラーにはかかる問題にかかずらう余裕もなくなっていたが、一九三九年一二月二八日にいたってシュトライヒャー、ニュルンベルク市長リーベル、バイエルン内相ヴァーグナーの間で会談させ、シュトライヒャーにも同意させたうえで五人の党大管区指導者による査問委員会を開かせて事態の収拾をはかった。証人としてマイズィンガー、リーベル、マルティーンらが証言し、最終的に党裁判所は、シュトライヒャーが「国家官僚組織とは異なるナチ党の指導者原理にもとづく人的指導（Menschenführung）に不適切」な人物と判断を下し、党大管区指導者の地位は剝奪しなかったものの、一九四〇年二月シュトライヒャーを党職務活動停止に追い込んだ。名目上なおシュトライヒャーは一九三三年三月以来任にあった国会議員の地位を奪われなかったものの、以後は、敗戦によって連合軍による追及が始まるまで、引退生活をフュルト近郊プライカースドルフの所有地で送ることになった。しかし、『シュテュルマー』は発刊され続け、ユダヤ人の根絶が唱えられ続けたのであった。

マイズィンガー調査委員会

マイズィンガーの調査委員会は、「フランケンにおいて現在支配している法的混乱状態は、まったく不法なアーリア化措置によって生じた。関係官庁、わけても司法機構および公証人、さらにはフランケン行政長官や商業会議所がそれぞれに要求された違法取引に適切な方法で対処していたならば、こうした混乱事態にたちいたるようなことはなかったであろう」と結論づけ、逆に恣意的措置を阻止しようとしたライス（一七〇頁）を賞揚した。かくして登記簿を真正の法的状態と再び一致させる必要は認められたのであるが、「ユダヤ人に廻される金は最終的には多かれ少なかれ国のものとなろう。現行および今後予期される法規にしたがえば、国の差押えに供されるか、国のために用いられることになるからである」とマイズィンガーも「最終解決」さえ臭わせるような言葉を漏らしてもいた。

第一次世界大戦中に一一万五〇〇〇マルクで購入され、カール・ホルツに五七三〇マルクに買いたたかれていたカッツェンベルガー邸については、一九四〇年再度「真正」の売買契約が結ばれ、購入価額は五万三〇〇〇マルクとされたが、このうち四万マルクは抵当引き受けで、実際には一万三〇〇〇マルクだけが支払われた。結局カッツェンベルガーにはただの一マルク否一プフェニヒさえ支払われず、ゲシュタポの特別口座に振り込まれた金は彼個人に対しては封鎖され、七割はユダヤ人には存在しなかったはずの債務の弁済（閉じざるをえなかった商店の敷金・賃貸料、もはや働いていない共同事業者の給与や従業員の賃金、諸営業税・契約代金、さらには裁判費用）に当てるとされ、あとの三割はニュルンベルク貯蓄銀行におかれた帝国元帥ゲーリングの定期預金口座に振込まれた。したがってより「適正な」価格で警察によってアーリア化されたにすぎなかったのである。

ニュルンベルク・ユダヤ人の強制移送

黄色い星

一九四一年九月初めゲスターポは信徒共同体責任者を通じて、なお残っているユダヤ人全員に対し「黄色い星印」を上着につけるよう厳命した。現在では、これは独ソ戦開始後東部で始まったユダヤ人絶滅作戦の対象にドイツのユダヤ人も含まれ、ドイツから東部への本格的なユダヤ人移送をなすための前段階的施策であった、と位置づけられている。「黄色い星」の導入は、「ニュルンベルク住民には一般的に好意をもって迎えられ、広範な市民が長らく望んできたことに合致した」という報告が内部的にはなされていた。ドイツからの強制移送の第一陣として、四一年一〇月一四日から一一月四日にかけてベルリン、ケルン、デュッセルドルフ、フランクフルト・アム・マイン、ハ

強制移送されるニュルンベルクのユダヤ人(1)

強制移送されるニュルンベルクのユダヤ人(2)

ンブルク等に在住の計一万九九五三人のユダヤ人がウーチのゲットーへ向けて出発させられているが、一一月二五日に発せられたドイツ国公民法第一一令により、ドイツ国籍のユダヤ人が外国に滞在すれば自動的にその資産はすべてドイツ国のものになることになり、今までのような手間暇をナチ体制がかけなくても国境の彼方でユダヤ人はすべてを失わせられることになった。一一月八日から第二陣が組まれ、ニュルンベルクでもいよいよ五一二名のユダヤ人が、一一月二五・二六日東南郊外ラングヴァッサーに集められた。ニュルンベルクからの強制移送の総指揮はマルティーンが直接にない、グラーフェンベルガー親衛隊中佐が実施担当で指揮をとった。

戦後一九五一年六月の対マルティーン裁判（一九八頁以下に詳述）で明らかにされた、ニュルンベルクからの移送ユダヤ人犠牲者数は四八五四名である。これはヴュルツブルク、バンベルク、レーゲンスブルクから集められた人も合わせた数である。この人たちは、リガ、トラヴニキ、イズビカ、テレージエンシュタットへ送られた。ニュルンベルク市内から駆り立てられていったのは一六三一名であるが、そのうち生き残った人はわずか七二名である（五％弱で、これはナチスに把捉されたユダヤ人全体の平均生還率をほぼ反映していた）。マルティーン自身、後のこの裁判で強調し、また被告の彼のために証人たちが弁護して指摘したのは、以下のような点であった。総指揮をとったのもナチ党に介入させないためで、市南東郊外ラングヴァッサーの、戦時中はもはや使われなくなっていた党大会実演場《グレンデ》をリーベル市長を介して指定させたのも、町中でユダヤ人たちにさまざまな侮辱が加えられるのを避けんがためであったという。ラングヴァッサー駅を利用して列車に送り込んだのも上記のような意味での住民の興奮や関心を惹起させないよう配慮したものだったというのである。さらに「水晶の夜」の突撃隊の狼藉を繰り返させないよう親衛隊の補助警察を用いたというが、この補助警察もユダヤ人を手荒く扱って虐待し徹底した略奪をおこなったことは、その後ミュラーによる『ニュルンベルクにおけるユダヤ人』（Müller 1968）という浩瀚《こうかん》な研究で明らかにされている。その点マルティーンに対する情状酌量を裁可したニュルンベルク裁判所が事実闡明《せんめい》の意味で徹底さを欠いていたといわざるをえないのである。マルティーンは鉄道管理総裁ガイヤー博士と当時交渉して、貨車ではなく客車を用意させており、この点は実際酷《むご》い輸送を経験させられるのが常態になっていた当時の経験者で生き残ったユダヤ人からも、戦後評価されることになったのであった。

カッツェンベルガーの死

ヒトラーがカッツェンベルガー事件に注目したのは、死刑判決が出された一〇日後の一九四二年三月二三日であった。彼のガードを勤めていたシャウプから知らされたときにヒトラーが目を止めたのはカッツェンベルガーの死刑判決ではなく、イレーネに対する懲役刑の重さであった。ヒトラーにとって、ユダヤ人と「アーリア」を一緒に被告席に並ばせるのは望ましいことではなく、しかも「人種汚染者」のユダヤ人男性が断罪されても女性「被害者」の方は免責されねばならなかった。何となれば、彼の性関係イメージにおいては、ただ男性側だけがアクティヴで有責の役割を果たすのであり、女性はただ男性の欲望の、罪もない対象でしかなかったからである。すでに一九三九年二月八日に、帝国官房長官ラマースを通じて法務大臣フランツ・ギュルトナーには「人種汚染関係裁判では女性は処罰されないのがのぞましい」という総統の原則的決定が示されていた。そこで今回も、イレーネ・ザイラーについて懲役二年は不当に重いのではないかというヒトラーによる照会の一札がラマースおよびギュルトナーに入れられたのであった。特にギュルトナーにとっては思いもかけない総統のお声がかりだったため、ローラント・フライスラー法務次官からニュルンベルクの主席検事宛に電話が入り、詳細な判決理由を持って検事局はただちにベルリンに来るようにとの達しが出て、ニュルンベルクの判決関係者を慌てさせることになった。結局ヒトラーに対して二六日、ラマースが、イレーネについては、「確信犯」的偽証罪が決め手になっての判決である旨の説明を加え、ヒトラーもこれに納得したのであった。

すでに三月二〇日、ミュンヒェンのシュターデルハイム刑務所に移されていたカッツェンベルガーは、弁護士を通じて三月二七日最後の恩赦請求を提出したが、却下されている。妻にも死刑執行の日まで繰り返し手紙を書いたが、返事は来なかった。妻のクレーアは、三月二四日、ニュルンベルクでは第二陣となったイズビカ行の強制移送列車に乗せられて、カッツェンベルガーの弟マクス夫婦たちとともに出立させられていたからである。この第二陣で連れ去られていった犠牲者は誰ひとりとして生還した者がいなかった。レオ・カッツェンベルガーは一九四二年六月三日朝斬首された。この時まだ五七〇名ほどのユダヤ人がニュルンベルクでなおひっそり生きていたが、レオのいまひとりの弟ダーフィトも九月一〇日の第四陣に加えられ市内の他の五三二名の人びととともにテレージェンシュタットに送られた。この中の生還者は、ダーフィトを含めわずか二七名であった。四二年三月有罪判決を受けたイレーネは、その年六月半ばアイヒャハ女性刑務所に収監された後、一週間後にはエルベ河畔のグリーボ収容所に移され、爆薬工場の労働に就かせられた。イレーネの夫ハンスは、戦線から戻ってくるたびにロートハウクに対して妻は無罪であり、妻と別れるつもりもないのではやく刑務所から出してほしいと嘆願したが聞き入れてもらえず、妻に面会できるのを戦時休暇唯一の楽しみにしていたが、一九四四年一〇月末ヴォージュ山脈のフランスの一寒村での激戦で戦死した。

高級親衛隊・警察指導者

マルティーンはこの間、新たに親衛隊警察高権指導者のポストに就任していた（一九四二年四月二〇日）（Birn 1986）。ヒムラーはこの任命に先だって、国家保安本部長官ハイドリヒや親衛隊主管本部長官ベルガー、あるいはまた秩序警察長官ダルークにマルティーンを人物としてどう評価できるか照会していた。ベルガーは「マルティーン博士はこれまでのところ精神的にタフ（コールドでもホットでもない）」とし、またダルークの場合はむしろ褒《ほ》めちぎっていたのに対し、ハイドリヒの評価は次のようなものであった。「親衛隊少将マルティーン博士のザハリヒな（実用本位の）仕事ぶりは一般的に人を満足させるものです。彼の長年の経験も事柄に即した勤務遂行を保証してきました。しかし、ヒムラー閣下、この世渡り上手な点以上にマルティーン博士の人格についてはかなりの疑念があると申し上げさせていただきます。まず第一にマルティーンはきわめて自分に偏した個人的な政治に従事しております。彼は強いタイプの人間に我慢ができず自分に無条件の忠誠を尽くす卑屈なやからのみを側におき、あらゆる手管もできるかぎり自分の支配領域を無条件に統括できる状態にするのも、そういう政治をやるがためです。すでに自らをめぐる人事政策についてもおのれに確実に転がり込むと予期しうる親衛隊警察高権指導者任命のための手はずを整えております。彼の個人的な画策の追求の中でマルティーンは、同時に複数の道をためらうことなくとる形であつかましい粘性のねばり強さを発揮しては目的を達しています。性格的にマルティーンは親衛隊指導者にも国民社会主義（ナチ）党員にも全く値しません」。

マルティーンに対する憎悪が吐露されているといっても過言ではない、このハイドリヒの反対は、また「プレイ・ボーイ」ハイドリヒをそっちのけにしてマルティーンに傾いたニュルンベルク市立劇場の女優をめぐる鍔迫《つばぜ》り合いとも無関係ではなかったとも云々されている。ヒムラー幕僚部の幕僚長ヴォルフが、官僚の家庭出身で穏健なマルティーンをバックアップしていたため反対は功を奏さず、ハイドリヒ自身このおよそ一ヵ月後の五月二七日プラハにおいて、ロンドンから派遣された亡命チェコ軍のコマンドに襲撃され、その一週間後に死亡したために、マルティーンは、ニュルンベルク警視総監の地位を降りるかわりに親衛隊警察高権指導者のポストを手に入れたのであった。ナチの支配領域全体で三

○名存在した親衛隊警察高権指導者は、自らの統括地域における親衛隊全国指導者兼ドイツ警察長官ヒムラーの全権かつ彼の代理であり、親衛隊、秩序警察、さらに保安警察（ゲスターポを含む）、親衛隊保安部に対する動員準備指揮権をもち、大管区会議、総統来訪、収穫祭、災害・動員等々における共同投入命令権も有していた。さらに各親衛隊大管区の主権指導者でもあった親衛隊警察高権指導者が絶大な機能を発揮したのが、ユダヤ人に対する組織的抹殺作戦であったことは、いくら強調しても強調しすぎることはないように思われる。それだけにマルティーンが自ら被告とされた戦後の裁判で、親衛隊警察高権指導者ポストについては、「我々ドイツ人がこの国家で有した中でも、最も評価しにくい、また特に強調したい点ながら、最も余計な、制度のひとつであった」と、きわめて粗雑な、またきわめて意図的な単純化をおこないつつ弁明しているのは見過ごしがたい。

フロッセンビュルク収容所

ユダヤ人に対する絶滅政策と並んでロシア赤軍部隊付き共産党委員（コミッサール）追及殺害もナチ体制の忌まわしい犯罪であったことは、ヤーコプセンの研究で広く知られるところとなったが、ニュルンベルクのゲスターポの管内にはロシア将校関係捕虜収容所の最大の施設が存在した。マルティーンは収容所内のコミッサールを探しだし処刑する任務を、一九二三年以来ニュルンベルク警察で知己のオトー・ゲスターポ部長代理に委任し、オトーはこの仕事に辣腕を振るったが、むろん責任はマルティーンに帰せられるべきものであった。とりわけ終戦間近、被収容者に対する悪名高い犯罪で知られたフロッセンビュルク収容所も親衛隊警察高権指導者としてのマルティーンのマイン支配管内にあった。ヒムラーは一九四四年、非常緊急事態の場合（国内叛乱あるいは敵軍接近）にそなえ、強制収容所とその上部機構（親衛隊経済管理本部）の連絡が途絶えたときには、当該親衛隊警察高権指導者が強制収容所に対する命令権を獲得するとし、マルティーンにも伝達した。やはり戦後マルティーンは身柄拘束後の尋問に「自分はヒムラーおよび親衛隊経済管理本部長官ポールに対し、親衛隊警察高権指導者はそのような任務に堪え得ないから命令遂行を拒否しました」と応えているが、何度もフロッセンビュルク収容所を実際に訪れており、連合軍がいよいよフロッセンビュルクに近づきつつあった一九四五年四月一四日、ヒムラーから伝えられた「降伏は問題外である。収容所はただちに撤収されねばならない。囚人は生きて敵の手に渡してはならない」という命令について収容所とやりとりしていた。一九四四年七月二〇日（ヒトラーを爆殺しベルリンの国内軍司令部を軸にクーデタを敢行しようとした）事件にかかわって逮捕された抵抗運動メンバーのカナーリスやオースター、さらにボーンヘファーたちはこうして殺害され、四月二〇日、他の囚人たちの大部分は、三部隊に分かたれて南部に強制「撤退」させられていった。三日後に収容所はアメリカ軍によって解放され、また米軍部隊が囚人救出のためにフロッセンビュルクからの「撤収部隊」を追いかけようやく追いついた時、すでにこのいわゆる「死の行進」で一万四〇〇〇名の囚人中四〇〇〇名が死亡していたのであった。

抵抗運動との関係という面でもマルティーンは二股かけていた節があり、国家保安本部の秘密情報を流したり、抵抗運動にかかわっているとおぼしき人物のために査証を発行したりしている。シュタウフェンベルク大佐たちによる一九四四年七月二〇日のヒトラー暗殺未遂事件はマルティーンにとっても寝耳に水であったが、ナチ党およびヒトラーが生きている限り付き従うという軍多数派による巻き返しで叛乱が潰《つい》えた後、抵抗運動関係者に対する追及・逮捕の波がバイエルンでも相次いだ。カナーリスの後継者として国防軍防諜部長に就いたゲオルク・ハーンゼン大佐の逮捕（のち死刑）に伴い、事件一二日前に出産を終えたばかりのハーンゼン夫人も逮捕されたが、マルティーンは夫人を病院に移し、さらに九月三〇日には釈放している。元第八軍管区将校ヴェラーの場合も逮捕され懲罰大隊に送られたが、ヴェラー自ら、マルティーンに命を助けられた、と戦後の裁判で証言している。

この関連でマルティーンの行動がとりわけ目立っているのは、シュタウフェンベルク一族に対する救援であろう。「シュタウフェンベルク家は根絶されよう。総統閣下は一門の共同責任を問う逮捕命令をすでに発せられた」とヒムラーが述べたのに驚き、全力でこの一家を助けようとしたマルティーンは、バンベルクで逮捕され酷《ひど》い取り扱いを受けた八五歳の家長ベルヒトルト伯をヴュルツブルクに移し、さらに病院で手当を受けさせた。ベルヒトルトの息子でシュタウフェンベルク大佐の従兄弟にあたるマルクヴァルトもベルリンで逮捕された。その妻オールガは、マルティーンに保護を求めてニュルンベルク警察に出頭し、グランドホテルから動かないよう指示を受けていたにもかかわらず、シュトットガルトまで出かけそこで密告に遭い逮捕され、彼の手を煩わせた。娘デーリアの場合も一ヵ月の身柄拘束後、国家保安本部長官カルテンブルンナーと掛け合ったマルティーンによって解放されている。シュタウフェンベルク大佐の子どもたちがダハウ収容所へ送られるのはマルティーンにも阻止できなかったが、ナチ党大管区によって略取されそうになった一家の本城グライフェンシュタインもその他の資産もマルティーンによってかなり保護されたのであった。

終戦とニュルンベルク裁判

戦争犯罪人

一九四五年、連合軍による徹底的空襲によってドイツの都市の防衛はほぼ不可能になっていたが、たとえばアーヘンの場合、市長が連合軍と降伏の交渉を行いナチスによって殺されていた。バンベルクではマルティーンの努力で防衛が放棄されたのに対して、ニュルンベルクでは死守が決定された。これは四四・四五年の交にシュトライヒャーにかわってフランケン党大管区指導者の地位に就き国家防衛委員も兼ねたカール・ホルツの決断によっていた。戦争が終わるまでのニュルンベルクにおける、空襲による死者は、二五八名の国防軍兵士、六一一一名の市民、八二五名の外国人、八八二名の捕虜、計八〇七六名にのぼった。シュペーアの軍需省に出向していた市長リーベルもシュペーアの忠告を容れず一九四四・四五年の交にはニュルンベルクに舞い戻ってきており、警視総監クーショとともにホルツの決定にしたがって町にとどまる決心を固めていた。ホルツと激論した末決定を覆せなかったマルティーンは、防護警察司令官に後を託し町を去った。四五年四月一八日から米軍の砲撃が始まり、その日のうちに街の三分の二は防衛が放棄された。二日後の四月二〇日ニュルンベルクは降伏し、その日の夕刻には連合軍による凱旋パレードがおこなわれたが、ホルツは夜一〇時五〇分頃まで戦い続け戦死した。クーショもすでに戦死していたが、市長リーベルは壕の中で自殺した。マルティーンの妻は、夫も志願した子どももはや生きていないと悲観して自殺したが、彼が妻の死を知ったのは一九四六年初めであり、一八歳にまだなっていなかった息子が、武装親衛隊の「ヒトラー親衛旗」部隊の一員としてウィーンの攻防戦で戦死したのを知ったのはもっと後のことであった。

三〇年連れ添った妻を一九四三年に亡くしたシュトライヒャーは、一九四五年初めには秘書のアーデレ・タッぺと再婚し、敗北後の逃亡生活にも新妻を伴っていたが、四五年五月二三日、潜伏先のベルヒテスガーデン近くの農家のテラスで絵を描いていた折、アメリカ軍のパトロール隊のブリット少佐にミルク一杯を所望されて「画家ザイラー」を名乗り、交わしたイディッシュ（ドイツ以東の国々やこれら地方から移住したユダヤ人が用いる言語。中世ドイツ語にヘブライ語、スラヴ語の語彙が混和）を長くは続けられず、相手からシュトライヒャーに酷似していると告げられて「どうして私がわかったのだ！」とつい漏らして逮捕され、ナチの大物たちが収容されているルクセンブルクのモンドルフに連行された。ところがモンドルフ収容所では、被告の誰もがとりわけ食事の際彼の隣に座ろうとせず、米軍のアンドラス大佐は被告たちに「ドイツ国防軍もドイツ海軍ももはや存在しない。君たちの国家さえももはやなくなったのだ。諸君が誰と一緒に食事を摂るか、食堂のテーブルの席は収容担当の私の決めることだ」と申し渡したが、ナチの大物戦犯たちからシュトライヒャーが嫌悪され毛嫌いされていたことは否めなかった。ニュルンベルク国際軍事裁判でも、他の二〇名の被告たちが、収容所の映像記録を証拠として見せられた時、眼をそむけ涙を流し、あるいはまたこんなひどいことがおこなわれたとはつゆ知らなかったと一様にショックを受けた反応を示したときも、ただひとり動じずむしろ被告席からせり出すようにしてむさぼり見ては頷《うなず》いていた彼の姿は当時大きく報道された。訴因のうち侵略戦争の計画および遂行にコミットした「平和に対する罪」の証拠はないとされたが、「人道に対する罪」では有罪とされ、しかも二五年間にわたって反ユダヤ主義の宣伝につとめた

「ユダヤ人迫害者のナンバー・ワン」と断罪され、わけても絶滅収容所で何がおこなわれているかすでに知っていながら、戦時体制下扇情的な言葉でユダヤ人の根絶を主張し続けた点が重大視され、ついに死刑判決を受けたのであった。前年五月逮捕された後モンドルフへ連行される前、ミュンヒェン北のフライズィングの拘置所で真っ裸にされ暴行されたというようなことを彼自身述べてはいるが、シュトライヒャーが裁判中ニュルンベルク拘置所でおこなったプロテスト（異議申し立て）は他の被告と異なり真っ裸になるというもので、四六年一〇月一六日のまだ夜が明けぬ時間、最期を迎える前も服を着るのを拒否し、結局強制的に着衣させられて刑場に向かった。「ハイル・ヒトラー」と再婚相手の秘書アーデレに対する呼びかけが最期の言葉となった。

イレーネ・ザイラーの戦後

代父カッツェンベルガーとの関係を断罪されたイレーネ・ザイラーの運命はその後どうなったであろうか。戦争中の爆薬工場での経験はひどく、薬莢《やっきょう》に詰め込む黄色火薬に髪も肌もまみれて絶えず弾薬の爆裂の不安に苛《さいな》まれる毎日であった。母親の三度目の恩赦申請が認められて一九四三年六月一九日ようやく収容所からは解放されたが、故郷グーベンへ帰るとまもなくチフスに罹り、さらに胆石疝痛《せんつう》にさんざん苦しめられてふさぎ込みがちになり抑鬱状態になった。戦後グーベンのフォト・アトリエで再び働き出していた折、姉の夫ラーディゲスが、新聞で被告になったロートハウクの記事を見つけて、アメリカ軍の検事局に手紙を書いた。アメリカの検察陣はドイツ司法機構による殺人を追及するための証拠を探しており、奇跡的といってよいほどに爆撃を免れた市裁判所建物の屋根裏から大量の裁判文書を見つけだしたが、カッツェンベルガー事件関係史料は見つからず、義兄からの手紙を読んで渡りに船、イレーネを重要証人として喚問した。それまであの忌まわしい出来事を記憶から消そうとつとめていたイレーネは、一九四七年三月二六日皮肉にも五年前有罪判決を受けた六〇〇号法廷で、ロートハウク被告の弁護人からあの時と寸分違わぬ酷薄な反対尋問を次々に浴びせられることになったのである。クレイマー監督の映画作品中イレーネ（映画ではアイリーン役のジュディー・ガーランド）が、ナチの検察官とまったくかわっていない冷酷さで自らを追及する弁護人ロルフ（マクシミリアン・シェルはこの演技でこの年のアカデミー主演男優賞受賞）に対して「いったい私に何を言わせたいのですか。そんなひどい尋問はやめてください！」と涙ながら必死で訴えるシーンを想い起こす人も少なくないであろうが、実際イレーネにとっては文字通り悪夢の再現であった。そして事実は映画よりも奇なりというべきであろう。ロートハウクは他の被告三人とともにこの法律家裁判では最高刑の無期刑を宣告された。ところが判決を受けて七年後の五四年には二〇年に減刑され、さらにその二年後の一九五六年には執行猶予つきながら釈放された。彼は一九五八年恩赦で結局執行猶予からも解放され、ただちに申請した恩給の受給者になりえた。

ゲスターポ裁判

一方、ユダヤ系ドイツ人強制移送裁判はどのような展開を見せたのであろうか。絶滅収容所への強制移送に主たる責任を負ったゲスターポに対する裁判は一九四九年ニュルンベルク＝フュルト地方裁判所で始まったが、被告席に座った七人のニュルンベルクのゲスターポの中でも最重要被告はやはりベンノ・マルティーンであった。マルティーンが追及されたのは、四一年一一月二九日リガに向けてフランケン地方のユダヤ系市民一〇〇〇名を送った責任であり、検察側は、彼を「公務員による故意かつ違法な監禁致死」（ただしこの場合虐殺幇助《ほうじょ》、従犯）の廉《かど》で起訴したのであった。これに対しマルティーンの弁明は、以下のようなものであった。すなわち、強制移送そのものは、一九三三年二月二八日の「国家と国民を防衛するための大統領緊急令」（国民の基本権停止）によって適法で、日系米人に対する戦時中のアメリカ政府の措置同様に、戦争に伴う措置として正当なものであり、ユダヤ人が「国家の敵」であることも自明であった。またそうした命令の遂行を自分の義務と考えた。さらに、ユダヤ人が東部の送り先で殺害されることは知らなかったし、想像さえできなかった。また自分はニュルンベルクのナチ党大管区指導者シュトライヒャーの過激な反ユダヤ主義政策には反対であった。仮に強制移送を不法と認識していたとしても命令に従わなければ自らが強制収容所送りになったであろう、と。

地方裁判所はかなり時間をかけ慎重に検討した結果、マルティーンのこうした弁明を認めなかった。まず法律や政令が人間を人間以下に扱い、人間の基本権を認めぬならば、それらは適法性を欠いているのである。正犯の者たち（総統ヒトラー、親衛隊全国指導者兼ドイツ警察長官ヒムラー、ハイドリヒら国家保安本部幹部）は、ユダヤ系市民を殺害する目的で、故意にユダヤ人の自由を奪ったのであり、こうした行為が、違法かつ不法であることも十分承知していた。ユダヤ人が国家の敵だったという被告の主張も認めがたい。軍事的必要性も存在しなかった。犯行の真の理由はユダヤ系市民に対する憎悪であった。強制移送の違法性を認識しえなかったという被告の申し立ても受け入れられない。第三帝国指導部の面々とも懇意であった警察幹部として、ユダヤ系市民に対して何がおこなわれているかすべて知りうる立場にあり、東部に移送されていく人びとが絶滅政策の犠牲になることも認識していたはずである。被告は故意に犯罪を助け支持し、犯罪の実現に寄与したのだ。

被告は強制移送を実際に指示命令する側にあったのであって、命令をサボタージュしたら自分の命が危ないというようないわゆる「緊急避難」せざるをえない状況にあったのではなかった。裁判所は以上のように事実関係を確認し、しかもリガへの移送については共(同正)犯であると断罪しマルティーンに三年の刑を言い渡した(四九年五月一〇日)。

ところが、マルティーンが控訴したバイエルン州裁判所でこの有罪判決は覆され、下級審差し戻し判決が出されたのである。ユダヤ系市民殺害を目的として強制移送をおこなうのは不法であるが、強制移送そのものは当時違法とはみなされていなかった。保護検束は一九三三年以降許容されており、強制移送の前提とされた労働配置も四ヵ年計画によって認められていた。したがって強制移送を合法とマルティーンが認識していたのであれば、有罪とすることはできない、というのがバイエルン州裁判所の判断であった(五〇年一一月一五日)。

差し戻しを受けた地方裁判所特別重罪部(陪審裁判所)では、被告には有罪とするに足る違法性の認識がなかったとして、マルティーンに無罪判決を言い渡した(五一年六月二日)ため、検察側が上告し、結局カールスルーエの連邦(通常)裁判所でいま一度争われることになった。連邦裁判所は、たとえ東部に強制移送されたユダヤ系市民が殺されるとはマルティーンが思っていなかったとしても、国民の中のある集団全体を、ある人種に属しているというただそれだけの理由で暴力的に家族や周囲の人間関係から引き離し自由を奪うことが違法であることは知っており、強制移送が不法のあらゆるメルクマール（特徴）をそなえていたこともはっきり認識していた、として特別重罪部に差し戻し判決を下した（五二年一二月一九日）。今回の差し戻し審は、被告が強制移送の違法性を認識できないはずはなかったことを認めたが、他方ではニュルンベルクのナチ党大管区指導者シュトライヒャーのラディカルな反ユダヤ主義路線にマルティーンが反対し、在任中もユダヤ系市民に保護と援助を与えていた点を認め、さらに彼が良心に反して命令遂行を強制された状態にあった（ドイツ刑法五二条、強制緊急避難相当）として結局無罪を言い渡したのである（一九五三年七月一日）。ゲシュタポの大物で最後は親衛隊大将にもなったマルティーンは以後約二〇年近い余生を無事過ごし、一九七二年に七九歳のその生涯を終えた（芝　一九九五）。

カッツェンベルガー事件再審裁判

カッツェンベルガー、イレーネに対する裁判指揮に際しては、ロートハウク裁判長のみならずフェルバーとホフマンという陪席裁判官がいたことはすでに述べたが、カッツェンベルガー「処刑」後二六年経過した一九六八年、当時六六歳になっていたフェルバーと六一歳になっていたホフマンに対する裁判が、カッツェンベルガー、イレーネを裁いた同じニュルンベルクの法廷で始められた（ロートハウクは一九六七年一二月死亡）。フェルバー法学博士の方は、ロートハウクを被告とするニュルンベルク継続裁判の時には、驚くべきことに検察側の証人として登場し、カッツェンベルガー事件において「人種汚染」犯罪は立証しえなかった（にもかかわらず無茶苦茶な裁きをおこなった）、当時自分は懸念を表明したと、米軍サイドで証言したのであった。一九四八年の非ナチ化裁判に際してもカッツェンベルガー死刑判決には自分は反対票を投じたと述べている（その三年後の証言では「反対意見を述べた」のであって死刑に反対票を投じたのではないと訂正）。一九五八年のロートハウク年金受給資格審査に際しては、自分はロートハウクに反対意見を貫徹することはできなかったし、傍聴席にはナチや軍の将官たちがいて裁判そのものが「裁きを要求する圧力」におかれていた、とも証言した。ホフマン法学博士の方も、米軍下の継続裁判で証言していた。カッツェンベルガーを死刑にすることは当時既定の方針であり、裁判にかかわらせられた者には、不満な気を滅入らせる死刑判決で、判決は理不尽で不正、非人間的な判決であった、と述べたのであった。

もちろんカッツェンベルガー裁判の検察官シュレーダーやマルクルに対する追及もおこなわれなかったわけではない。ただ、こちらの方は、一九六八年のフェルバー、ホフマンに対する裁判前に結論が出ていたのであった。マルクルがまだなお現役で勤務していることもあって、両検察官によって求刑された死刑は、裁判官のカッツェンベルガー死刑判決の原因になったとはみなされなかったのである。一九六八年三月四日に開廷された法廷で被告たちはカッツェンベルガー死刑判決は適法と述べた。米軍下の継続裁判での告白は強いられたものであった、としたのである。被告二人の弁論は概《おおむ》ね以下のようなものであった。カッツェンベルガーとイレーネとの間では性交がなされた。人種法と「国民損壊分子厳罰令」とを結びつけるのも人種法そのものも新規であったが、当時の裁判官には伝統的な法観念を放擲《ほうてき》して革命法を措定《そてい》することが要求された。実際カッツェンベルガーは戦時の状況を自分の目的のために利用した。裁判官も人間だから死刑判決は重いものながら、すでに一九四二年のユダヤ人は社会から葬られた存在で、死刑判決を下さなくてもゲスターポが引き取って東部に送ったはずである。現在でこそ人種法は、人倫に反する不法となったが、当時は新国家の基本法とみなされていた。戦時下「国民損壊分子厳罰令」が強化されざるをえない状況では人種汚染犯罪は躊躇《ためら》うことなく死刑をもって追及されねばならなかった。留守を守る兵士の妻の強姦というような国民損壊犯罪として想定していた最たるものが、死刑以外考えられなかった時代である。継続裁判時の証言は米軍側によって強いられたものである。ロートハウクの判決論理構成も納得できるものであった。当時の法の意思についての確信に判決は合致していた。以上のように、ドイツ敗戦から二三年、ここにいたって被告たちの本音がようやく露わにされたといえよう。

イレーネは五八歳になっていたが、彼女の故郷グーベンは、当時東独領になっていた。ポツダム会談以後オーデル＝ナイセ線がドイツとポーランドの国境として事実上確定されていったが、グーベンはナイセ河の左岸に位置したため、一九四九年東西両独国家成立後は東ドイツに属したのであった。ニュルンベルク裁判所からの出頭要請に対して、当時の両独関係からすれば東独当局が西ドイツへの旅行をイレーネに認めるか否か微妙であった。イレーネは東独の地方裁判所には出廷したものの、「健康状態からしてニュルンベルクの陪審裁判所に出廷する精神的負担に耐えられません。当時の裁判のおそろしい事態を思い出したくもありませんし、尋問はおことわりします」と応えたのであった。

四月五日の判決は、四二年の死刑判決が誤りであったことをまず確認した。そのうえでこの司法殺人が、ロートハウクの場合はユダヤ人に対する人種憎悪にもとづいており、刑法二一一条二項「殺人欲・劣情・物欲その他低劣な動機によって、陰険または残虐に……人を殺害した者」に相当するとして、虐殺（Mord—謀殺とも訳す。死刑を廃止した連邦共和国では無期自由刑）であるが、その動機がそのままフェルバー、ホフマン両名の動機にもあてはまるとはいえないとし、故殺（Totschlag—五〜一五年の量刑が普通なされるが情状酌量の余地があれば六ヵ月〜五年）相当ながら両名の場合は情状酌量が拒否されえない、としたのであった。この四二年の件を除けば両名とも真っ当な人生を送ってきた。ナチ独裁時代の運命の悪戯《いたずら》が特別裁判所勤務に引き寄せなければ、生涯犯罪に手を染めることもなかったであろう。人間的な感情の摩滅、冬期戦失敗後の戦争第三年における人命軽視状況、「民族に役立つものが法」のモットー下、市民に不法をなせという理不尽な要求、司法の独立に対する激しい攻撃、ナチ不法体制に這《は》い蹲《つくば》りながら周りの者を支配した裁判長、これらこそ犯行を成立させた要素であった。民主主義国家の下で成長した人間に被告たちの当時の状況は必ずしも追想像することはできない。ナチ時代になお目を見開いて身をもって体験した人間でさえそこにもう一度身を置くことは困難なのだから。以上のような理由をもって裁判所はフェルバーに三年、ホフマンに二年の判決を下したが、検察側も被告側もただちに上告した（詳しくは、Friedrich 1984）。

一九七〇年の判決

上告を受けた連邦通常裁判所は一九七〇年七月二一日判決を下し、上記陪審裁判判決を破棄した。事実関係が十分に評価吟味されていないというのが破棄の理由であった。第一に「被告たちの不安・おそれが全てをカバーする犯行動機であった」という判決正当化では不十分である。第二に、裁判所には両名のありうべき（卑劣な）動機の看過ないし射程距離誤認をおかしていることが排除できない。被告たちは特別裁判裁判長ロートハウクとは異なり、ナチスによって実践された反セム主義を骨がらみ支持したわけではない。被告たちが判決を下さねばならなかった容疑者には、ユダヤ人ということでナチ・イデオロギーによってどんな人間的尊厳も認めなかった点に始まり、ロートハウクとのやっかいな対峙を避けるために、ことに刑法にかかわるまずい帰結は出ないことも確認しつつ死刑判決に賛成したとしても、低劣な動機から犯行に及んだのである。そうすることによって被告たちは、鉄面皮にも容疑者の生と死をまったくほしいままにする恣意的支配者になったといえるであろう。その意味においてすでに「私はカッツェンベルガーがどうせ社会的に葬られた存在になっており、無意識の裡にその分荷が軽くなって、死刑判決を出さずともゲシュタポが始末するのだと思った」という被告ホフマン博士の供述そのものに示唆するところがあるといえる。下級審判決は、被告たちが、職業上の虚栄心やまさに人事において影響力ある上司に対する従順さから死刑判決を下したのではないかという問題の検討さえおこなっていない。さまざまな確定的事実によって、被告人たちのおそれ・不安が犯行の中心動機という判決は肯定できない。ロートハウクから恫喝《どうかつ》されていたことを示す具体的危険の立証がなされていないのである。当時なお存在した適法的な裁判手続きの可能性が存在しながら、被告たちはそれを用いておらず、むしろどんなことをしてでも死刑判決を達成させようとした企図が明白である。容疑者の行為を咎《とが》め立てるという意味での訴訟指揮が真剣かつ委曲を尽くしてなされたとはとても言えず、むしろ法的カモフラージュをほどこしながらカッツェンベルガーを破局に追込むことが目的だったのだ。以上が差し戻しの理由であった。

差戻審

再び下級審に戻された段階で、もはやフェルバーの方は審理に耐える行為能力が失われたとの判定が下り、ニュルンベルクでは被告はホフマン一人になった。イレーネは今度は東独から召還され、三度「人種汚染があったか否か」の証言をさせられることになった。またカッツェンベルガーの娘たちもイスラエルから呼び寄せられた。一九七三年一月一五日に始まり一一月二六日までおこなわれた審理のその最後は、神経サナトリウムで開かれた。すでにホフマンには証人の確認もできなくなっていた。裁判は中断され、その直後ホフマンの脳の萎縮が確認された。一九七六年八月二〇日ニュルンベルク地方裁判所刑事第五法廷は、フェルバー、ホフマンに対する裁判を最終的に中止すると宣告している。一九八五年七九歳になったホフマンは、フランクフルト地方上級裁判所にもう一度だけ形式的に出廷させられた。しかし二五年にわたってホフマンを追及し続けた検事プランドルは裁きの終わりを「犯罪はついに償われないままだ」という苦い言葉で結ばざるをえなかった。その一年前にイレーネは胃癌で亡くなっていた。享年七四歳であった。

ナチズムが刻みつけたもの――エピローグ

西暦二〇〇〇年にニュルンベルクは九五〇年祭を迎える。戦後バイエルンの支配的政党であったキリスト教社会同盟に属する現市長ルートヴィヒ・シュルツは八〇〇万マルクの予算をすでに組んでおり、記念祭の準備も着々と市民たちによって進められている。夏の七週間続く音楽フェスティヴァルの中心にはもちろんヴァーグナーの『マイスターズィンガー』の公演が予定されている。振り返ってみれば、『マイスターズィンガー』がニュルンベルクで上演されると知るや、ヒトラーは必ずミュンヒェンからあるいはベルリンから駆けつけたものであった。小著で見てきたように、都市ニュルンベルクはその現代史と変容そのものを通じて、二〇世紀世界の（少なくとも前半は）死のマイスターであったヒトラー・ドイツを象徴しているといっても過言ではなかろう。小著の最終章を執筆していた時期、ヨーロッパはコソボをめぐるユーゴとＮＡＴＯの熱戦が繰り広げられている最中であった。アルバニア系住民で難民になった第一陣がドイツに到着し落ち着いた先は奇《く》しくもニュルンベルク市であったが、ニュルンベルクのユダヤ系の人たちの資産が「アーリア化」されていったように、ユーゴ軍部隊もアルバニア系住民の資産を計画的に根こそぎ略奪していったということが伝えられている。戦後ドイツ連邦共和国政府はイスラエルと賠償交渉を重ね五二年協定に達しえたが、現在にいたるまでホロコーストで殲滅《せんめつ》されたユダヤ系の人びとはもちろん生き残った個々人に対しても補償をほとんどおこなっていないといわざるをえない。本書で見たニュルンベルクの事例も十分な補償はなされないままになってきた。しかも小著で見てきたようにカッツェンベルガーやイレーネ・ザイラーの名誉回復さえついになされなかったのではなかろうか。ドイツ連邦共和国基本法（憲法）第一条においては「人間の尊厳は不可侵である。これを尊重し、かつ、保護することは、すべての国家権力の義務である」と規定しているが、二人の運命と同じく、人間としての尊厳を回復されたとはいえない人びとがなおまだ無数に存在しているといわざるをえないのではなかろうか。

一九三四年九月のニュルンベルクのヒトラーを見事に撮《うつ》し取ったリーフェンシュタールは徹底して第三帝国の「光」の部分のみを描いた。作品『意志の勝利』が「ネガティヴな面を撮しておらず客観的とはたしていえるのでしょうか」という戦後のインタヴューワーの問いかけにリーフェンシュタールは「どんなネガティヴな面を撮影すべきだったのでしょう。どんなネガティヴなものが存在したのでしょうか。ニュルンベルクのあらゆるところであらわれていたもの、それは感激だけでした」（Loiperdinger 1987）と応えている。映画公開後の一九四〇年に彼女は対フランス戦大勝利に際し次のような祝電をヒトラーに贈った。「総統閣下、言葉にあらわせぬほどの喜び、深い感動、熱い感謝をもって今私は貴方と一体になって、貴方の、ドイツの最大の勝利、ドイツ軍のパリ入城を味わっています。貴方は……人類史上比類なき偉業をなしとげていらっしゃいます」。

ヒトラーを笑いのめす有名な『独裁者』を撮った後にようやくアウシュヴィッツをはじめ絶滅収容所の犯罪を知ったチャップリンが、もし撮影前にかかる惨虐を知っていたらこんな作品はつくらなかった、と述べたことはつとに知られている。リーフェンシュタールの場合、自らの作品についてそんな「歴史的イフ（もしも）」の話は、戦前・戦中はもちろんのこと戦後もしていない。彼女はニュルンベルクの「闇」の現代史をどれほど認識自覚していたのであろうか。

この小著で取り上げたように、司法殺人の追及についても委曲を尽くして展開されたとはいえず積み残されたままの問題が少なからず存在することはたしかである。戦後ドイツにおいて、一九五二年、反ナチ抵抗運動者を裁いた特別裁判所の裁判官の司法殺人問題から追及は本格化していったといえる（芝　一九九九）が、ユダヤ系の人たちを標的にした特別裁判所の裁判官に対する訴追がドイツで始まったのは、小著で見たニュルンベルクのカッツェンベルガー事件が最初であり、かつまた司法殺人をめぐる最後の事例になったものなのである。追及そのものにさまざまな問題が孕《はら》まれていたことも事実ながら、人道に対する罪、ナチ犯罪を問うということそのものがいかに困難な問題を提起しているか、また同時にナチズムがこの時代の人びとに刻みつけたものがどんなに重いものであるか、痛感せずにはいられない。

カッツェンベルガーの場合、ニュルンベルクのユダヤ教信徒共同体の責任者としてニュルンベルクにとどまった以上、生き残りうる可能性もまずなかった。一方、ごく「普通」のナチ党員になったイレーネには、あるいは体制の暴力に加担するのを拒否し、この暴力を「寛容」する社会に抗うといった特別な意図はなかったかもしれない。しかし「他者」

「異質な人間」との人間的連帯の可能性を絶対に認めなかった「民族共同体」の選別・差別の政治に対しては、カッツェンベルガーとの人間的絆を維持しそれを希求したのであった。「民族同胞」以外は「非国民」「国家の敵」とした非人間的体制の義務、おしつけを、その意味では承認しない意識的・自発的・意志的選択をした人であったといえ、異常な状態が日常化したもとでも人間的意識をあくまで失わなかった女性といえるのではなかろうか。

参考文献

〔未公刊史料〕

NSDAP Hauptarchiv

Bundesarchiv Sammlung Schumacher

Document Center Berlin（略称 BDC），Personalakten des SS-Führerkorps.

〔公刊史料〕

Der Prozess gegen die Hauptkriegsverbrecher vor dem Internationalen Militärgerichtshof. Nürnberg 14. November 1945 - 1. Oktober 1946, Bd. XXVII u. XXVIII, Nürnberg 1948.（略称 IMT）

Trials of War Criminals before the Nuernberg Military Tribunals under Control Council Law No.10. Nuernberg October 1946 - April 1949, Vol. Washington 1952.

Deuerlein, Ernst (Hg.), *Der Aufstieg der NSDAP in Augenzeugenberichten*, München 1974.

Friedrich, Jörg, *Freispruch für die Nazi-Justiz. Die Urteile gegen NS-Richter seit 1948. Eine Dokumentation*, Reinbek 1984.

Fröhlich, Elke, *Die Tagebücher von Josef Goebbels*, 4 Bde., München u.a. 1987.

Gruchmann, Lothar / Weber, Reinhard (Hg.), *Der Hitler-Prozess 1924*, München 1997.

Jäckel, Eberhard (Hg.), *Hitler. Sämtliche Aufzeichnungen, 1905-1924,* Stuttgart 1980.
Mann, Abby, *Judgment at Nuremberg. A Novel with 12 Scenes from the Movie,* New York 1961.
Tyrell (Hg.), Albrecht, *Führer befiehl.... Selbstzeugnisse aus der 'Kampfzeit' der NSDAP. Dokumentation und Analyse,* Düsseldorf 1969.

〔歴史的文献ならびに研究文献〕

Birn, Ruth Bettina, *Die Höheren SS- und Polizeiführer. Himmlers Vertreter im Reich und in den besetzten Gebieten,* Düsseldorf 1986.
Broszat, Martin, *Der Staat Hitlers,* München 1969.
Burden, Hamilton T., *The Nuremberg Party Rallies 1923-1939,* New York/London 1967.
Eichhorn, Ernst u.a, *Kulissen der Gewalt. Das Reichsparteitagsgelände in Nürnberg,* München 1992.
Fritsch, Robert, *Nürnberg unterm Hakenkreuz: Im Dritten Reich 1933-1945,* Düsseldorf 1983.
Gilbert, Martin G., *Nuremberg Diary,* New York 1947.
Gordon J., Harold J., *Hitlerputsch 1923. Machtkampf in Bayern 1923-1924,* Frankfurt a.M. 1971.
Grieser, Utho, *Himmlers Mann in Nürnberg. Der Fall Benno Martin: Eine Studie zur Struktur des Dritten Reiches in der »Stadt der Reichsparteitage«*, Nürnberg 1974.
Hambrecht, Rainer, *Der Aufstieg der NSDAP in Mittel- und Oberfranken (1925-1933),* Nürnberg 1976.

Höhne, Heinz, *Der Orden unter dem Totenkopf,* Gütersloh 1967.

Horn, Wolfgang, *Führerideologie und Parteiorganisation in der NSDAP (1919-1933),* Düsseldorf 1972.

Kohl, Christiane, *Der Jude und das Mädchen. Eine verbotene Freundschaft in Nazideutschland,* Hamburg 1997.

Lepsius, M.R, "Charismatic Leadership: Max Weber's Model and Its Applicability to the Rule of Hitler", Graumann/Moscovici (Hg.), *Changing Conceptions of Leadership,* New York 1986.

Loiperdinger, Martin, *Rituale der Mobilmachung. Der Parteitagsfilm "Triumph des Willens" von Leni Riefenstahl,* Opladen 1987.

Longerich, Peter, *Die braunen Bataillone. Geschichte der SA,* München 1989.

Müller, Arnd, *Geschichte der Juden in Nürnberg 1146-1945,* Nürnberg 1968.

Niethammer, Lutz, *Bürgerliche Gesellschaft in Deutschland,* Frankfurt a.M. 1990.

Ogan, Bernd/Weiss, Wolfgang W., *Faszination und Gewalt. Zur politischen Ästhetik des Nationalsozialismus,* Nürnberg 1992.

Pfeiffer, Gerhard (Hg.), *Nürnberg - Geschichte einer europäischen Stadt,* München 1982.

Reiche, Eric G., *The Development of the SA in Nürnberg, 1922-1934,* New York 1986.

Röhm, Ernst, *Geschichte eines Hochverräters*, München 1928.

Scholder, Klaus, "Nürnberg und 20. Jahrhundert. Was Hitler der 'deutschesten Stadt' auflud", *Süddeutsche Zeitung* v. 10. November 1979.

Schröder u.a. (Hg.), Jürgen, *Die Stunde Null in der deutschen Literatur*, Stuttgart 1995.

Smelser, Ronald/Zitelmann, Rainer (Hg.), *Die braune Elite*, II, Darmstadt 1991.

Speer, Albert, *Technik und Macht*, Esslingen 1978.

Steinweg (Hg.), Reiner, *Faszination der Gewalt. Politische Strategie und Alltagserfahrung*, Frankfurt a. M. 1983.

Wollenberg, Jörg (Hg.), *The German Public and the Persecution of the Jews, 1933–1945. "No One Participated, No One Knew"*, Atlantic Highlands 1996.

Zelnhefer, Siegfried, *Die Reichsparteitage der NSDAP. Geschichte, Struktur und Bedeutung der grössten Propagandafeste im nationalsozialistischen Feierjahr*, Nürnberg 1991.

ウィーラー＝ベネット、ジョン『権力のネメシス　国防軍とヒトラー』山口定訳、みすず書房、〔新装版〕一九八四年

川本三郎『映画の香り』集英社、一九九七年

木村靖二編『世界歴史大系　ドイツ史　3』山川出版社、一九九七年

ケンポウスキ、ワルター『君はヒトラーを見たか　同時代人としてのヒトラー体験』到津十三男訳、サイマル出版会、一九七三年

シュペーア、アルベルト『ナチス狂気の内幕　シュペールの回想録』品田豊治訳、読売新聞社、一九七〇年

多木浩二『シジフォスの笑い　アンセルム・キーファーの芸術』岩波書店、一九九七年

ヒトラー、アドルフ『わが闘争』上・下巻、平野一郎・将積茂訳、角川書店、一九七三年
マーザー、ヴェルナー『ヒトラー』村瀬興雄・栗原優訳、紀伊国屋書店、一九六九年
リーフェンシュタール、レニ『回想』上・下巻、椛島則子訳、文芸春秋社、一九九一年
芝健介「闘争期のナチ突撃隊をめぐる問題」『現代史研究』二八号（一九七六年五月）
同　「第三帝国初期のユダヤ人政策　パレスティナへの移送問題を中心として」『國學院大学紀要』二〇巻（一九八二年三月）
同　「ナチズム・総統神話と権力　党大会における象徴化の過程」『シリーズ　世界史への問い　7　権威と権力』岩波書店、一九九〇年
同　「ヒトラーの支配をめぐって　カリスマ性の問題に関する覚書」『東京女子大〈史論〉』四五号（一九九二年三月）
同　「ユダヤ人強制移送と戦後ドイツのナチス犯罪裁判」富坂キリスト教センター編『戦後ドイツの光と影』新教出版社、一九九五年
同　「何が裁かれ何が裁かれなかったのか　ニュルンベルク裁判とドイツ人によるナチ犯罪裁判の問題」『岩波講座　世界歴史　25　戦争と平和』岩波書店、一九九七年
同　「叛逆か抵抗か『一九四四年七月二〇日事件』と戦後ドイツのレーマー裁判」『東京女子大〈史論〉』五二号（一九九九年三月）

あとがき

ナチズム運動史とのかかわりでニュルンベルク現代史に関心をもってから、かれこれすでに四半世紀経つ。筆者は当時、修士論文のテーマ「ヴァイマル共和国末期のナチ突撃隊の再編過程」について書きあぐねていた。「マイクロフィルム化されたナチ党中央アルヒーフの文書史料が、明治学院大学の鹿毛達雄先生のところにまとまってあるから、たずねてごらん」と恩師の西川正雄先生（東京大学名誉教授、現専修大学教授）に教えられ、藁にも縋る思いでうかがってみた。鹿毛先生は、当時まだ備えている大学もそう多くはなかったマイクロ・リーダーやプリンター利用の便宜を早速はかって下さり、それからは白金台へドキュメントを見に日参させていただいた。おかげで数ヵ月後にはテーマをカバーしうる史料群にだいたい目を通し何とか論文も仕上がった（これをまとめて『現代史研究』に発表した遅まきながらの処女作には、木村靖二現東京大学教授から『史学雑誌』（一九七六年の回顧と展望〕で筆者にとって大きな励みとなる過分のご批評をいただいた）が、その過程で、ニュルンベルク党大会関連のもの、あるいはまたシュテークマン危機の史料の束にも初めて遭遇し、新たな問題関心を掻き立てられたのだった。

一九七七年秋から、ドイツ連邦共和国ミュンヒェンの現代史研究所でしばらくナチ親衛隊について研究する機会を与えられ、翌年冬にはニュルンベルク裁判の未公刊史料を見に、このフランケンの古都の州立公文書館へミュンヒェンから通う日がしばらく続いた。ニュルンベルクをはじめて訪れた日はマイナス一五度で、私事ながら、一緒に連れていった家族もこのドイツ内陸都市の凍てつく寒さがよほどこたえ、いまだに頭にこびりついて離れない。七九年に帰京し、その後一〇年ほどは、もっぱら武装親衛隊について研究を重ねていたところ、『世界史への問い　7　権威と権力』（岩波書店、一九九〇年）の中で党大会史について書く機会を与えられ、あらためて関係史料・文献を見直すことになった（七五年から鹿毛先生は、奥様のふるさとのカナダへ御一家で移住なさっておられ、今度は中山弘正先生〔現明治学院大学学院長〕のお手を煩わせることになった）。この小稿は、拙い出来にもかかわらず筆者の勤務する東京女子大学の今井宏名誉教授、平瀬徹也教授はじめ史学科のスタッフや歴史学以外の先生方にも幸い丁寧に読んでいただき、ありがたく思っていたところ、やがて吉川弘文館の永滝稔氏の目にとまり、氏からは、「歴史文化ライブラリー」の一冊として小稿をベースに第三帝国の光と闇を論じたものを、と思いがけないご依頼を賜ったのであった。元の拙稿ではほとんど言及しなかったリーフェンシュタールのフェミニズムについては、彼女の『回顧』やミュラーの『レニ』を今回再度見なおしてみてあらためてその強さを感じなくはなかったが、この小著では、むしろ彼女自身が書いたり語ったりすることのなかった突撃隊との軋轢等、第三帝国の微妙なジェンダー問題について多少なりとも加筆補足した次第である（本書成稿後、拝読することになった平井正先生の『リーフェンシュタール』〈晶文社、一九九九年〉や、佐藤卓己同志社大学助教授の『現代メディア史』〈岩波書店、一九九八年〉からは教えられるところ多大だったが、「二〇世紀美学」論や「ファシズムの公共性」論をも勘案して本論を展開しなおすにはいたらなかった）。

ニュルンベルクからのユダヤ人強制移送の問題と戦後のマルティーン裁判については、一九九一年春から始まった「戦後五〇年のドイツの社会と教会」研究会での、筆者の「戦後ドイツの人道犯罪追及裁判―ユダヤ人強制移送問題を中心に―」という報告（九四年九月）が、問題を今回のような形に煮詰めさせていく契機になった。五年間この刺激的学際共同研究の場に筆者を参加させて下さり、貴重なアドヴァイスを頂戴した村上伸先生（東京女子大学名誉教授)、武田武長先生(フェリス女学院大学教授、富坂キリスト教センターでのこの研究会担当主事)お二人にも、他の研究会メンバーの方がたにも感謝申し上げたい。

「アーリア化」については、ドイツの戦後補償問題を精力的に論じられてきた佐藤健生拓殖大学教授のご厚意によって、一九九九年一二月に直接お会いする機会を持てた、ペーター・リーバーマン博士(戦争犯罪と戦後補償を考える国際市民フォーラムのためドイツのケルンから初来日)に、「アーリア化」で奪われたユダヤ人資産についての問題積み残しの深刻さについてうかがい、本書で最後に触れた問題のドイツにおける現在の様相を再確認することができた。日系カナダ人の戦後補償獲得に長期尽力され今回この国際市民フォーラムで重要な報告をなさった鹿毛先生にも、上荻のお家にお招きいただいて二四年ぶりになつかしくお話をうかがうことが出来たのだったが、こうして振り返ってみると、こんなささやかな小著も、ほんとうに幾多の方がたの心温まるご援助なくしては成りがたかった、と思う。

一九九〇年代末の年の瀬に

芝　健介

著者紹介

一九四七年、愛媛県生まれ
一九八〇年、東京大学大学院社会学研究科国際関係論博士課程修了
現在、東京女子大学教授

主要著訳書

武装SS　ホロコースト　武装親衛隊とジェノサイド　総統国家〈訳〉　ファシズム時代のシオニズム〈訳〉　二つのドイツ〈訳〉　ヒトラーの国民国家〈訳〉

歴史文化ライブラリー
90

ヒトラーのニュルンベルク
第三帝国の光と闇

二〇〇〇年（平成十二）四月一日　第一刷発行
二〇一四年（平成二十六）四月一日　第二刷発行

著　者　芝《しば》　健《けん》　介《すけ》
発行者　前　田　求　恭
発行所　株式会社　吉川弘文館
東京都文京区本郷七丁目二番八号
郵便番号一一三―〇〇三三
電話〇三―三八一三―九一五一〈代表〉
振替口座〇〇一〇〇―五―二四四
http://www.yoshikawa-k.co.jp/
印刷＝株式会社 平文社
製本＝ナショナル製本協同組合
装幀＝山崎　登

ISBN978-4-642-05490-4

歴史文化ライブラリー

1996.10

刊行のことば

現今の日本および国際社会は、さまざまな面で大変動の時代を迎えておりますが、近づきつつある二十一世紀は人類史の到達点として、物質的な繁栄のみならず文化や自然・社会環境を謳歌できる平和な社会でなければなりません。しかしながら高度成長・技術革新にともなう急激な変貌は「自己本位な刹那主義」の風潮を生みだし、先人が築いてきた歴史や文化に学ぶ余裕もなく、いまだ明るい人類の将来が展望できていないようにも見えます。

このような状況を踏まえ、よりよい二十一世紀社会を築くために、人類誕生から現在に至る「人類の遺産・教訓」としてのあらゆる分野の歴史と文化を「歴史文化ライブラリー」として刊行することといたしました。

小社は、安政四年(一八五七)の創業以来、一貫して歴史学を中心とした専門出版社として書籍を刊行しつづけてまいりました。その経験を生かし、学問成果にもとづいた本叢書を刊行し社会的要請に応えて行きたいと考えております。

現代は、マスメディアが発達した高度情報化社会といわれますが、私どもはあくまでも活字を主体とした出版こそ、ものの本質を考える基礎と信じ、本叢書をとおして社会に訴えてまいりたいと思います。これから生まれでる一冊一冊が、それぞれの読者を知的冒険の旅へと誘い、希望に満ちた人類の未来を構築する糧となれば幸いです。

吉川弘文館

歴史文化ライブラリー

世界史

黄金の島 ジパング伝説 — 宮崎正勝
琉球と中国 忘れられた冊封使 — 原田禹雄
古代の琉球弧と東アジア — 山里純一
アジアのなかの琉球王国 — 高良倉吉
琉球国の滅亡とハワイ移民 — 鳥越皓之
王宮炎上 アレクサンドロス大王とペルセポリス — 森谷公俊
イングランド王国前史 アングロサクソン七王国物語 — 桜井俊彰
イングランド王国と闘った男 ジェラルド・オブ・ウェールズの時代 — 桜井俊彰
魔女裁判 魔術と民衆のドイツ史 — 牟田和男
フランスの中世社会 王と貴族たちの軌跡 — 渡辺節夫
ヒトラーのニュルンベルク 第三帝国の光と闇 — 芝 健介
スカルノ インドネシア「建国の父」と日本 — 後藤乾一・山﨑 功
人権の思想史 — 浜林正夫
グローバル時代の世界史の読み方 — 宮崎正勝

考古学

農耕の起源を探る イネの来た道 — 宮本一夫
O脚だったかもしれない縄文人 人骨は語る — 谷畑美帆
吉野ケ里遺跡 保存と活用への道 — 納富敏雄
〈新〉弥生時代 五〇〇年早かった水田稲作 — 藤尾慎一郎
交流する弥生人 金印国家群の時代の生活誌 — 高倉洋彰
古 墳 — 土生田純之
銭の考古学 — 鈴木公雄
太平洋戦争と考古学 — 坂詰秀一

古代史

邪馬台国 魏使が歩いた道 — 丸山雍成
邪馬台国の滅亡 大和王権の征服戦争 — 若井敏明
日本語の誕生 古代の文字と表記 — 沖森卓也
日本国号の歴史 — 小林敏男
古事記の歴史意識 — 矢嶋 泉
古事記のひみつ 歴史書の成立 — 三浦佑之
日本神話を語ろう イザナキ・イザナミの物語 — 中村修也
東アジアの日本書紀 歴史書の誕生 — 遠藤慶太
〈聖徳太子〉の誕生 — 大山誠一
聖徳太子と飛鳥仏教 — 曾根正人
倭国と渡来人 交錯する「内」と「外」 — 田中史生
大和の豪族と渡来人 葛城・蘇我氏と大伴・物部氏 — 加藤謙吉
古代豪族と武士の誕生 — 森 公章
飛鳥の朝廷と王統譜 — 篠川 賢
飛鳥の宮と藤原京 よみがえる古代王宮 — 林部 均

歴史文化ライブラリー

- 乳母の力 歴史を支えた女たち — 田端泰子
- 荒ぶるスサノヲ、七変化〈中世神話〉の世界 — 斎藤英喜
- 曽我物語の史実と虚構 — 坂井孝一
- 日　蓮 — 中尾　堯
- 捨《す》聖《ひじり》一　遍 — 今井雅晴
- 神や仏に出会う時 中世びとの信仰と絆 — 大喜直彦
- 神風の武士像 蒙古合戦の真実 — 関　幸彦
- 鎌倉幕府の滅亡 — 細川重男
- 足利尊氏と直義 京の夢、鎌倉の夢 — 峰岸純夫
- 東国の南北朝動乱 北畠親房と国人 — 伊藤喜良
- 中世の巨大地震 — 矢田俊文
- 大飢饉、室町社会を襲う！ — 清水克行
- 平泉中尊寺 金色堂と経の世界 — 佐々木邦世
- 贈答と宴会の中世 — 盛本昌広
- 中世の借金事情 — 井原今朝男
- 庭園の中世史 足利義政と東山山荘 — 飛田範夫
- 土一揆の時代 — 神田千里
- 山城国一揆と戦国社会 — 川岡　勉
- 一休とは何か — 今泉淑夫
- 中世武士の城 — 齋藤慎一
- 武田信玄 — 平山　優
- 歴史の旅 武田信玄を歩く — 秋山　敬
- 武田信玄像の謎 — 藤本正行
- 戦国大名の危機管理 — 黒田基樹
- 戦乱の中の情報伝達 使者がつなぐ中世京都と在地 — 酒井紀美
- 戦国時代の足利将軍 — 山田康弘
- 戦国を生きた公家の妻たち — 後藤みち子
- 鉄砲と戦国合戦 — 宇田川武久
- よみがえる安土城 — 木戸雅寿
- 検証 本能寺の変 — 谷口克広
- 加藤清正 朝鮮侵略の実像 — 北島万次
- 北政所と淀殿 豊臣家を守ろうとした妻たち — 小和田哲男
- 偽りの外交使節 室町時代の日朝関係 — 橋本　雄
- 朝鮮人のみた中世日本 — 関　周一
- ザビエルの同伴者 アンジロー 戦国時代の国際人 — 岸野　久
- 海賊たちの中世 — 金谷匡人
- 中世 瀬戸内海の旅人たち — 山内　譲

近世史

- 神君家康の誕生 東照宮と権現様 — 曽根原　理
- 江戸の政権交代と武家屋敷 — 岩本　馨

歴史文化ライブラリー

江戸御留守居役 近世の外交官 —— 笠谷和比古
検証 島原天草一揆 —— 大橋幸泰
隠居大名の江戸暮らし 年中行事と食生活 —— 江後迪子
大名行列を解剖する 江戸の人材派遣 —— 根岸茂夫
江戸大名の本家と分家 —— 野口朋隆
赤穂浪士の実像 —— 谷口眞子
〈甲賀忍者〉の実像 —— 藤田和敏
江戸の武家名鑑 武鑑と出版競争 —— 藤實久美子
武士という身分 城下町萩の大名家臣団 —— 森下 徹
次男坊たちの江戸時代 公家社会の〈厄介者〉 —— 松田敬之
宮中のシェフ、鶴をさばく 江戸時代の朝廷と庖丁道 —— 西村慎太郎
江戸時代の孝行者 「孝義録」の世界 —— 菅野則子
死者のはたらきと江戸時代 遺訓・家訓・辞世 —— 深谷克己
近世の百姓世界 —— 白川部達夫
江戸の寺社めぐり 鎌倉・江ノ島・お伊勢さん —— 原 淳一郎
宿場の日本史 街道に生きる —— 宇佐美ミサ子
〈身売り〉の日本史 人身売買から年季奉公へ —— 下重 清
江戸の捨て子たち その肖像 —— 沢山美果子
歴史人口学で読む江戸日本 —— 浜野 潔
京のオランダ人 阿蘭陀宿海老屋の実態 —— 片桐一男
それでも江戸は鎖国だったのか オランダ宿日本橋長崎屋 —— 片桐一男
江戸の文人サロン 知識人と芸術家たち —— 揖斐 高
葛飾北斎 —— 永田生慈
北斎の謎を解く 生活・芸術・信仰 —— 諏訪春雄
江戸と上方 人・モノ・カネ・情報 —— 林 玲子
エトロフ島 つくられた国境 —— 菊池勇夫
災害都市江戸と地下室 —— 小沢詠美子
浅間山大噴火 —— 渡辺尚志
アスファルトの下の江戸 住まいと暮らし —— 寺島孝一
江戸の流行り病 麻疹騒動はなぜ起こったのか —— 鈴木則子
江戸幕府の日本地図 国絵図・城絵図・日本図 —— 川村博忠
江戸城が消えていく 『江戸名所図会』の到達点 —— 千葉正樹
都市図の系譜と江戸 —— 小澤 弘
江戸の地図屋さん 販売競争の舞台裏 —— 俵 元昭
近世の仏教 華ひらく思想と文化 —— 末木文美士
江戸時代の遊行聖 —— 圭室文雄
幕末民衆文化異聞 真宗門徒の四季 —— 奈倉哲三
江戸の風刺画 —— 南 和男
幕末維新の風刺画 —— 南 和男
ある文人代官の幕末日記 林鶴梁の日常 —— 保田晴男